LA NUIT OBSCURE DE L'ÂME

SAINT JEAN DE LA CROIX

ALICIA ÉDITIONS

TABLE DES MATIÈRES

ARGUMENT   7

LIVRE PREMIER

PREMIER CANTIQUE   15
Chapitre 1   17
Chapitre 2   20
Chapitre 3   26
Chapitre 4   29
Chapitre 5   34
Chapitre 6   36
Chapitre 7   41
Chapitre 8   44
Chapitre 9   47
Chapitre 10   54
Chapitre 11   59
Chapitre 12   64
Chapitre 13   71
Chapitre 14   76

LIVRE SECOND

Chapitre 1   83
Chapitre 2   86
Chapitre 3   89

Chapitre 4	92
Chapitre 5	94
Chapitre 6	99
Chapitre 7	104
Chapitre 8	110
Chapitre 9	112
Chapitre 10	117
Chapitre 11	121
Chapitre 12	125
Chapitre 13	129
Chapitre 14	134
Chapitre 15	136
Chapitre 16	138
Chapitre 17	144
Chapitre 18	149
Chapitre 19	152
Chapitre 20	157
Chapitre 21	161
Chapitre 22	165
Chapitre 23	166
Chapitre 24	173
Chapitre 25	175

ARGUMENT

On met d'abord en ce livre tous les cantiques qu'il faut expliquer, et on donne ensuite l'explication de chacun d'eux en particulier, avec l'éclaircissement de chaque vers qui paraît à la tête des chapitres.

Dans les deux premiers cantiques on explique les effets de la purgation de la partie sensitive et de la partie raisonnable de l'homme ; et dans les six derniers on déclare les effets divers et surprenants des lumières spirituelles que l'union de l'amour avec Dieu répand dans l'âme.

I

> En una noche escura,
> Con ansios amores inflamada,
> O dichosa ventura
> Sali sin ser notada,
> Estando ya mi casa sossegada.

Pendant une nuit obscure, enflammée d'un amour inquiet, ô l'heureuse fortune ! Je suis sortie sans être aperçue, lorsque ma maison était tranquille.

II

**A escuras, y segura
Por la secreta escala
   diffrazada,
O dichosa ventura !
A escuras y enzelada,
Estando ya mi casa sossegada.**

Étant assurée et déguisée, je suis sortie par un degré secret, ô l'heureuse fortune ! Et étant bien cachée dans les ténèbres, lorsque ma maison était tranquille.

III

**En la noche dichosa,
En secreto que nadie me veia,
Ni yo mirava cosa,
Sin otra luz ni guia,
Sino la que en el coraçon
   ardia.**

Pendant cette heureuse nuit, je suis sortie en ce lieu secret, où personne ne me voyait, et où je ne voyais rien, sans autre guide et sans autre lumière que celle qui luisait dans mon cœur.

IV

Aquesta me guiava
Mas certo, que laluz de
medio dia,
Adonde me esperava
Quien yo bien me sabia,
En parte, donde nadie parecia.

Elle me conduisait plus sûrement que la lumière du midi au lieu où celui qui me connaît très-bien m'attendait, et où personne ne paraissait.

V

O noche que guiaste,
O noche amable mas que el
alborada,
O noche que juntaste
Amado con amada,
Amada en el amado trans-
formada.

O nuit qui m'as conduite ! ô nuit plus aimable que l'aurore ! ô nuit qui as uni le bien-aimé avec la bien-aimée, en transformant l'amante en son bien-aimé !

VI

En mi pecho florido,
Que entero para él solo se
guardava,
Alli quedo dormido ;
Y yo le regalava,

> Y et ventalle de cedros ayre
> dava.

Il dort tranquille dans mon sein qui est plein de fleurs, et que je garde tout entier pour lui seul : je le chéris et le rafraîchis avec un éventail de cèdre.

VII

> El ayre del amena
> Quando ya sus cabellos
>   esparcia,
> Con su mano serena,
> En mi cuello heria,
> Y todos mis sentidos
>   suspendia.

Lorsque le vent de l'aurore faisait voler ses cheveux, il m'a frappé le cou avec sa main douce et paisible, et il a suspendu tous mes sens.

VIII

> Quedeme y olvideme,
> El rostro recline sobre et
>   amado,
> Cesó todo y dexeme,
> Dexando mi cuidado,
> Entre las azuzenas olvidado.

En me délaissant et en m'oubliant moi-même, j'ai penché mon visage sur mon bien-aimé. Toutes choses étant perdues pour moi, je me suis quittée et abandonnée moi-même, en me délivrant de tout soin entre les lis blancs.

La fin qu'on se propose en ces cantiques.

Avant que de commencer l'explication de ces cantiques, il est à propos de savoir que l'âme ne les chante qu'après avoir acquis l'union de l'amour avec Dieu, et essuyé les peines qui se trouvent dans le chemin de la vie éternelle, duquel notre Sauveur parle dans l'Evangile (*Matth.* VII ,14), et par lequel l'âme passe ordinairement pour parvenir à cette union divine. Et parce que ce chemin est fort étroit, et que très-peu de gens y marchent, l'âme s'estime heureuse d'y être entrée et d'avoir été conduite à la perfection de l'amour de Dieu. C'est dans le premier cantique qu'elle déclare son bonheur et qu'elle appelle ce chemin étroit *la Nuit obscure de l'Ame*, comme il paraît dans les vers du même cantique. Elle fait donc éclater sa joie, en rapportant tous les biens dont elle a été comblée en ce passage.

Livre premier

Où l'on traite de la nuit des sens.

PREMIER CANTIQUE

Pendant une nuit obscure,
Enflammée d'un amour
 inquiet,
O l'heureuse fortune !
Je suis sortie sans être
 aperçue,
Lorsque ma maison était
 tranquille.

L'âme dit, en ce cantique, de quelle manière elle est sortie, tant d'elle-même que de toutes les choses créées, savoir, en exerçant sur elle-même une rigoureuse mortification qui la fait mourir à soi-même et aux créatures, qui la fait vivre à l'amour divin et à Dieu, et qui la remplit de délices célestes.

Elle ajoute qu'elle a fait cette sortie pendant *une nuit obscure*, entendant par là une espèce de contemplation qu'elle appelle purgation, parce qu'elle produit en l'âme le renoncement d'elle-même et des choses passagères. Elle assure qu'elle n'a pu sortir de la sorte que par la force et l'ardeur que l'amour de son époux lui a communiquées dans cette obscure contemplation. Et c'est ici qu'elle exagère les avantages de son sort, qui sont si grands, qu'elle est allée heureusement à Dieu pendant cette nuit, sans que le monde, la chair et le démon, ses ennemis, aient pu l'empêcher d'atteindre à son terme : parce que la nuit de cette contemplation, c'est-à-dire la mortification qu'elle a pratiquée en contemplant les choses divines, a étouffé toutes ses passions et tous leurs mouvements.

CHAPITRE I

On propose le premier vers, et on parle des imperfections de ceux qui commencent.

Pendant une nuit obscure.

On appelle commençants tous ceux qui se servent encore de la méditation dans la vie spirituelle. Dieu les fait passer à l'état de ceux qui profitent en la vie intérieure, lorsqu'il les élève à la contemplation, et il les conduit au rang des contemplatifs, afin qu'ils parviennent ensuite à l'état des parfaits, c'est-à-dire de ceux qui ont acquis l'union divine. C'est pourquoi, pour bien connaître ce que c'est que la nuit par laquelle l'âme doit passer, et pour savoir quelle raison oblige Dieu à l'y faire passer, il est nécessaire de remarquer d'abord quelques-unes des qualités qui sont propres aux commençants, afin qu'ils conçoivent mieux l'imperfection de leur état, et qu'en relevant leur courage abattu, ils souhaitent que Dieu les mette en cette nuit où les âmes ont coutume de fortifier leurs vertus et de goûter les douceurs inestimables de l'amour divin.

Après donc que l'âme s'est déterminée à embrasser le service divin, Dieu la nourrit spirituellement avec autant de douceurs et de caresses que la mère la plus passionnée nourrit son enfant. Cette mère l'échauffe dans son sein ; elle lui donne le lait le plus doux et la nourriture la plus délicate qu'elle peut avoir ; elle le porte entre ses bras, elle le flatte, elle le réjouit de toutes les manières possibles. Mais, à proportion qu'il croît, elle diminue ses caresses ; elle se couvre le sein ou elle le frotte d'aloès, afin que l'amertume en dégoûte ; elle le fait marcher lui-même, afin que, quittant les faiblesses des petits enfants, il s'accoutume aux choses plus grandes et plus solides. Dieu fait de semblables traitements à l'âme dans ses premières ferveurs : il lui fait goûter, dans les exercices de la vie intérieure, un lait spirituel doux et savoureux, et des consolations sensibles. Ainsi l'âme sent un plaisir délicieux à mettre beaucoup de temps en oraison, et même à y passer les nuits entières ; à faire de grandes pénitences et des jeûnes très-rigoureux ; à fréquenter les sacrements ; à parler de Dieu et de tout ce qui concerne le culte divin et l'excellence des vertus.

Mais, quoique les hommes spirituels s'appliquent à toutes ces choses avec force et avec soin, toutefois on peut dire si l'on comprend bien la nature de la spiritualité, qu'ils s'y conduisent d'ordinaire avec faiblesse et avec imperfection. Comme ils ne se portent à ces saintes occupations que par la douceur qu'ils y trouvent et comme ils n'acquièrent pas l'habitude des vertus par l'épreuve des combats qu'il faut soutenir en cet état, ils sont sujets à plusieurs défauts qui se glissent dans la dévotion, puisque chacun opère selon l'habitude qu'il s'est formée de la perfection. De sorte que, n'ayant pas encore pu s'affermir dans les vertus les plus achevées, il est nécessaire qu'ils agissent avec faiblesse comme les enfants.

Afin de voir clairement combien les commençants sont faibles dans les vertus qu'ils exercent, attirés par les douceurs intérieures, je mettrai devant les yeux les imperfections qu'ils commettent par rapport aux sept péchés capitaux, ce qui prouvera qu'ils imitent en leurs opérations l'imbécillité des enfants. Il paraîtra aussi combien la nuit obscure, dont nous parlerons incontinent, attire de biens après elle, puisqu'elle purge l'âme de ces manquements.

CHAPITRE 2

De quelques imperfections spirituelles où les commençants tombent à l'égard de l'orgueil.

Quoique les choses saintes et divines nous inspirent d'elles-mêmes l'humilité, les commençants néanmoins reçoivent, par leur faute, les impressions de je ne sais quel orgueil secret, parce qu'ils font réflexion sur leur ardeur et sur leur diligence dans les exercices de piété. Ils conçoivent de la joie et de la complaisance d'eux-mêmes et de leurs actions, et ils ont un grand penchant à parler des choses spirituelles dans les conversations, et même à les enseigner plutôt qu'à les apprendre. Ils jugent des autres, et ils les condamnent en leur cœur de ce qu'ils n'embrassent pas la dévotion de la même manière qu'eux, et quelquefois ils en disent leurs sentiments, semblables en cela au pharisien, qui louait Dieu, qui se vantait de ses œuvres, et qui méprisait le publicain (*Luc.* XVIII, 11). Le malin esprit les anime souvent à la ferveur, à la vertu, aux bonnes actions, afin qu'ils en deviennent plus orgueilleux et plus présomptueux, sachant bien que ces choses, au lieu de leur profiter, leur nuiront, étant, comme elles sont, vicieuses et criminelles. Quelques-uns même d'entre eux sont assez vains pour désirer qu'il ne paraisse qu'eux seuls de gens de bien. C'est pourquoi, lorsque l'occasion s'en présente, ils improuvent les autres, et de fait et de paroles, et ils flétrissent autant qu'ils peuvent leur réputation. *Ils voient comme parle Jésus-Christ, une paille dans l'œil de leur frère, et ils ne voient pas une poutre dans leur œil (Matth., VII, 3). Ils coulent le moucheron qu'ils aperçoivent dans les breuvages des autres, et ils avalent le chameau dans leur propre nourriture (Matth. XXIII, 24).*

Ils souhaitent si ardemment que leurs maîtres spirituels, tels que sont leurs confesseurs et leurs supérieurs, estiment et approuvent leur esprit et leur manière de vivre, que, lorsque ces directeurs n'ont pas pour eux cette condescendance, ils se persuadent que ces gens-là ne comprennent pas leur intérieur, ou qu'ils n'entendent pas la spiritualité. De sorte qu'ils cherchent aussitôt quelque homme qui soit de leur sentiment, et à qui ils puissent découvrir le fond de leur âme ; car ils ont beaucoup d'empressement pour trouver des personnes qui fassent état de leurs vertus, et qui leur donnent les louanges qu'ils désirent. Au contraire, ils abhorrent comme la mort, et quelquefois ils haïssent tous ceux qui semblent n'en faire nulle estime afin de les remettre en bon chemin par ce mépris apparent. Pleins de la présomption d'eux-mêmes, ils se proposent plusieurs desseins, mais ils ne les accomplissent jamais.

Ils ont souvent une extrême passion de se faire connaître aux autres ; et, pour cette cause, ils font des mouvements de tête, des gestes et des regards dévots, de fréquents soupirs, d'autres actions extérieures, pour faire entrevoir leurs perfections intérieures. Ils sont aussi très-aises de tomber en extase devant le monde plutôt qu'en secret, et de découvrir leurs ravissements aux autres, quoique le prince des ténèbres en soit ordinairement l'auteur. La plupart s'efforcent encore de s'attirer l'amitié et la familiarité de leurs confesseurs, quoique ces liaisons de cœur et de conversation leur soient une source d'envie et d'inquiétude. Ils ont honte de déclarer nettement leurs péchés à leurs confesseurs, de peur de diminuer la bonne opinion qu'ils leur ont donnée de leurs vertus. C'est pourquoi ils couvrent leurs fautes de divers prétextes, afin de ne paraître pas si méchants qu'ils sont ; en quoi sans doute ils se trompent, puisque c'est plutôt s'excuser que s'accuser. D'autres fois ils se confessent à un autre, afin que leur confesseur ordinaire, ignorant tout le mal qu'ils font, les estime très-vertueux. C'est dans le même esprit qu'ils racontent volontiers leurs bonnes œuvres, et qu'ils les exagèrent toujours, afin qu'on les estime plus grandes et plus parfaites qu'elles ne sont. Cependant la véritable humilité devrait les incliner à les diminuer, et à ne rien dire qui pût leur attirer l'approbation du monde.

Il y en a qui ne se mettent point en peine de leurs fautes ; d'autres, au contraire, s'affligent extrêmement de leurs chutes, les supportent avec impatience, et se fâchent contre eux-mêmes, s'imaginant qu'ils devraient être déjà de grands saints. Tout cela marque une imperfection considérable. Ils prient souvent Dieu avec ardeur de les délivrer de leurs défauts, non pas tant pour lui procurer de la gloire que pour s'affranchir eux-mêmes du chagrin qu'ils en reçoivent ; mais ils ne prennent pas garde que, si Dieu écoutait leurs vœux, ils en seraient peut-être plus orgueilleux. Ils ne louent les autres qu'à regret, quoiqu'ils souhaitent d'être loués eux-mêmes des autres, et qu'ils recherchent avec adresse leurs applaudissements : de sorte qu'on peut les comparer aux vierges folles, qui demandèrent de l'huile à leurs compagnes pour mettre à leurs lampes lorsqu'elles allaient s'éteindre (*Matth.*, XXV, 8).

Les imperfections qui leur sont ordinaires ont des degrés différents : quelques-uns tombent dans les plus grandes, qui les précipitent conséquemment dans de grands maux ; quelques autres en commettent de moindres ; d'autres enfin n'en sentent que les premiers mouvements ; et il ne s'en trouve point entre les commençants, qui ne donne, pendant ses ferveurs, dans quelques-uns de ces défauts comme dans un écueil inévitable.

Mais ceux qui observent en cet état les règles de la perfection vivent d'une manière bien différente et avec un esprit bien plus tempéré. Ils tâchent de faire de grands progrès en l'humilité, soit en ne faisant nulle estime de leurs œuvres, soit en ne cherchant pas à se contenter eux-mêmes, soit en jugeant que les autres sont meilleurs qu'eux, soit en concevant une sainte envie de les imiter, et en désirant de servir Dieu comme eux, avec amour et avec perfection. Plus leur ferveur est enflammée, et plus les actions qu'ils font et les délices qu'ils goûtent sont grandes, plus leur humilité les aide à connaître combien Dieu mérite, et combien peu de choses ils font pour sa gloire : tellement que plus leurs œuvres sont considérables, moins ils sont contents d'eux-mêmes. En effet, tout embrasés de son amour, ils voudraient faire de si grandes choses, que les plus admirables où ils consument leurs forces et leur temps ne sont rien dans leur pensée. Le soin empressé dont cet amour les anime sans cesse les empêche de s'apercevoir si les autres font du bien ou n'en font point ; ou, s'ils le remarquent, ils infèrent de là que les autres ont plus de vertu et plus de perfection qu'eux.

Si bien que, comme ils ont une très-basse opinion d'eux-mêmes et de leurs actions, ils désirent que les autres aussi n'en conçoivent que du mépris. Lors même que quelqu'un les estime et les loue, ils n'y peuvent consentir : de sorte que parler avantageusement de leurs bonnes œuvres, c'est, selon leur sens, quelque chose d'étrange et d'extraordinaire.

Bien loin de s'ériger en maîtres de la vie spirituelle, et de vouloir donner des instructions aux autres, ils en reçoivent volontiers de tous ceux qui peuvent leur être utiles ; ils sont même prêts, si leurs directeurs le commandent, à quitter le chemin qu'ils tiennent, et à suivre une autre voie, croyant toujours que leurs démarches en la vertu ne sont que des égarements. Ils ont de la joie quand on loue les autres, et de la tristesse de ce qu'ils ne sont pas aussi bons serviteurs de Dieu que ces gens-là. Au lieu d'avoir du penchant à parler de leurs actions, ils ont même de la confusion de les dire à leurs pères spirituels, les jugeant indignes d'être expliquées et connues des hommes. Il leur paraît bien plus souhaitable de faire éclater leurs péchés et leurs vices à la vue de tout le monde, ou du moins de donner connaissance de ce qu'ils sont, désirant qu'on n'y découvre aucune trace de vertu : pour cette raison, ils se font un plaisir de communiquer leur intérieur à des gens qui n'en fassent nul état. Cette manière d'agir est assurément le propre d'un esprit simple, pur, sincère ; et elle plaît infiniment à Dieu, parce que son esprit divin demeure dans ces personnes humbles, et les excite à cacher en elles-mêmes leurs richesses spirituelles, et à jeter dehors tout le mal qui s'y peut glisser : c'est la grâce singulière qu'il accorde aux humbles avec toutes les vertus, pendant qu'il la refuse aux orgueilleux.

Au reste, leur zèle pour Dieu est si ardent et si généreux, qu'ils donneraient de bon cœur tout leur sang à ceux qui le servent, et qui s'efforcent de lui gagner des âmes en toutes rencontres. Lorsqu'il leur échappe quelque imperfection, ils la supportent avec humilité, avec tendresse de cœur, avec une crainte amoureuse de Dieu ; et, mettant toute leur confiance en sa bonté et en sa miséricorde, ils se relèvent et s'encouragent à mieux faire.

Mais il me semble qu'il y a très-peu d'âmes qui marchent au commencement dans ce degré de perfection, et nous aurions sujet d'être satisfaits si la plupart ne se jetaient pas dans des désordres tout contraires. C'est pourquoi Dieu plonge dans les ténèbres d'une obscure nuit toutes celles qu'il veut purifier de ces défauts et de ces vices.

CHAPITRE 3

Des imperfections communes aux commerçants à l'égard du second péché capital, savoir, l'avarice prise dans un sens spirituel.

Un grand nombre aussi de ceux qui commencent sont infectés du poison de l'avarice spirituelle. A peine les verrez-vous jamais contents des dons de Dieu ; ils se désolent et se plaignent de ce qu'ils ne trouvent pas dans les choses spirituelles la consolation qu'ils désirent. Quelques-uns ne cessent de demander des avis, et ne se lassent jamais de recevoir des principes spirituels. Ils lisent tous les livres qui traitent de cette matière, et ils y mettent plus de temps qu'à faire le bien, n'ayant nul égard à la mortification et à la pauvreté d'esprit, à quoi néanmoins ils devraient s'étudier.

Plusieurs encore se chargent d'images et de croix d'une grande propreté et d'un prix considérable. Tantôt ils quittent les unes et prennent les autres ; tantôt ils les changent et puis il les reprennent ; tantôt ils en veulent d'une façon, tantôt d'une autre : ils aiment mieux celles-ci, à cause de leur rareté et de leur valeur, que celles-là. Vous en verrez d'autres garnis d'*Agnus Dei*, de reliquaires, de médailles, comme des enfants à qui on pend au cou de petits grelots d'argent, ou d'autres bagatelles pour les amuser : ce que je ne puis m'empêcher de désapprouver, à cause de l'attachement de cœur qu'ils ont pour ces choses, quoique bonnes d'elles-mêmes. En effet, elles sont opposées à la pauvreté spirituelle, qui regarde principalement la substance de la dévotion et les objets qui nous y portent, et qui néglige la multitude et la curiosité de ces choses extérieures ; surtout parce que la véritable dévotion doit venir du cœur, et ne faire état que de la vérité et de la solidité des choses intérieures. Car le reste étant plein de propriété et de défauts, il est nécessaire d'en éteindre le désir, pour s'élever à la solide perfection. Certes, j'ai connu une personne d'un bon sens et d'une grande prudence, qui a porté plus de dix ans une croix faite grossièrement du bois d'un rameau bénit, à qui je l'ôtai pour l'en détacher. J'en ai vu une autre qui se servait avec attache d'un rosaire fait d'os de poisson. Il est toutefois certain que leur dévotion n'a pas été de moindre valeur devant Dieu, puisque ce n'était ni l'art ni le prix de ces choses qui l'excitait en leur âme.

Or, ceux qui vont par le droit chemin à la perfection n'ont aucun penchant pour ces sortes d'instruments ; ils n'en font point d'amas ; ils ne veulent savoir que ce qu'il faut pour agir saintement en toutes choses ; ils ne regardent, ils ne désirent que cela. Pour cette cause, ils distribuent aux autres ce qu'ils possèdent, et se font un vrai plaisir de se dépouiller de tout pour l'amour de Dieu et du prochain. Ils ne sont enfin animés que du désir d'acquérir la solide vertu, de plaire à Dieu à cause de lui-même, et de se déplaire à eux-mêmes à cause de leurs défauts.

L'âme ne peut cependant sortir de ces imperfections ni des autres vices, avant que Dieu l'ait mise dans la nuit obscure dont nous parlerons, pour la purifier. Il est pourtant nécessaire que l'âme s'efforce, autant qu'elle peut, de se purifier elle-même, afin qu'elle mérite en quelque façon de recevoir de Dieu la médecine qui la guérisse de toutes les maladies spirituelles, auxquelles elle n'a pu elle-même apporter remède. Car, quoiqu'elle travaille de toutes ses forces, elle ne pourra, par son industrie et par son activité, se purifier de telle sorte, qu'elle soit tant soit peu disposée et propre à l'union du Parfait amour avec Dieu, s'il ne lui donne lui-même la main pour l'élever, et s'il ne la purifie dans le feu qui paraît obscur à l'âme, de la manière que nous le dirons.

CHAPITRE 4

Des autres imperfections auxquelles les commençants sont sujets, et qui naissent de la luxure spirituelle.

Outre les imperfections que nous venons de marquer, il y en a d'autres où les commençants s'engagent, et que j'omets pour éviter la prolixité du discours, me contentant de dire les principales, qui sont comme l'origine et la cause des autres.

Quant au vice de luxure, comme je ne prétends parler que des imperfections dont on doit se purger dans la nuit obscure, je laisse les péchés qu'on peut faire en cette matière, et je dis que les commençants sont pleins de ces imperfections qu'on peut appeler luxure spirituelle. Ce n'est pas qu'elle soit telle véritablement ; mais c'est parce que quelquefois on en sent et on en éprouve les effets dans la chair, à cause de sa fragilité, pendant que l'âme reçoit des communications spirituelles. Car les mouvements de la sensualité s'élèvent souvent dans leurs exercices spirituels : de sorte qu'il n'est pas en leur pouvoir de les empêcher ; et cela quelquefois arrive lorsque l'âme est appliquée à la plus sublime oraison, ou quand elle participe aux sacrements de pénitence et d'eucharistie. Or, ces mouvements naissent tantôt de l'une, tantôt de l'autre de ces trois causes.

Pour comprendre la première, il faut remarquer qu'il y a des gens d'une complexion faible et délicate, et d'un naturel tendre et sensible. Lorsqu'ils s'occupent actuellement aux choses spirituelles, la nature y sent une très-grande douceur ; et c'est de cette douceur que viennent ces émotions. Quand l'esprit et le sens en jouissent, chaque partie de l'homme est ensuite excitée au plaisir selon ses propriétés particulières, savoir : l'esprit, au plaisir spirituel qui vient de Dieu, et le sens, au plaisir sensible qui naît du corps. Tellement que l'âme est quelquefois, selon l'esprit, unie intimement à Dieu dans l'oraison, et selon, le sens, elle expérimente, avec résistance et avec ennui, de grands mouvements et de grandes révoltes. Car comme ces deux parties ne composent qu'un tout, l'une est ordinairement touchée de la peine ou du plaisir de l'autre. En effet, selon la maxime des philosophes, les sujets reçoivent ce qui leur arrive de la manière qui leur est propre et naturelle. Ainsi l'âme dans ces commencements, et même dans les progrès qu'elle fait, goûte les plaisirs spirituels avec la même imperfection que la sensualité goûte les délices sensibles. Mais, lorsque cette partie animale a été réformée dans la nuit obscure, où elle est purifiée de ses faiblesses, elle n'est plus sujette à ces défauts. Elle reçoit si abondamment les impressions divines par l'entremise de l'esprit, qu'il semble qu'elle soit toute transportée et toute cachée en Dieu : et, de cette sorte, elle est en quelque façon participante de l'union de Dieu, et jouit en quelque manière des avantages qui rejaillissent sur l'âme.

La seconde cause de ces rebellions sensuelles, c'est le malin esprit, qui tâche de les former pour jeter l'âme dans le trouble et dans l'inquiétude, quand elle s'abandonne aux charmes de la contemplation : et alors, si elle a tant soit peu d'égard à ces émotions comme à quelque chose de dangereuse conséquence, elle en souffre de grandes pertes. Car, en les combattant et en les repoussant, elle se relâche en l'oraison comme le démon le prétend. Il y en a même quelques-uns qui renoncent tout à fait à ce saint exercice, persuadés qu'ils tombent dans de plus grandes faiblesses en ce temps-là qu'en un autre temps : et cela est très-véritable ; car l'ennemi invisible fait ses efforts pour les remplir de sales représentations et de mouvements impurs pendant la méditation, afin qu'ils l'abandonnent. Il y mêle les plus vives images des directeurs spirituels, et des objets les plus saints, pour désoler ces gens-là, et pour les réduire à n'oser plus ni penser aux choses divines, ni rien voir, ni rien considérer, parce que ces révoltes les persécutent avec tant de violence, qu'ils sont dignes de compassion. Que si ces dérèglements attaquent des personnes mélancoliques, elles n'en sont ordinairement délivrées que quand on les a purgées de leurs humeurs mélancoliques, si ce n'est peut-être qu'elles entrent dans la nuit obscure, qui les retire de ces désordres.

La troisième cause est la crainte que les commençants ont de ces révoltes. Cette crainte les excite au même moment qu'ils s'en souviennent et qu'ils les craignent actuellement, en voyant, en touchant, en rappelant dans leur esprit diverses choses ; mais alors ils endurent ces mouvements sans être coupables et sans offenser leur Créateur.

Quelquefois, lorsqu'ils parlent des choses spirituelles, ou qu'ils font de bonnes œuvres, ils sont animés d'une certaine vivacité, d'une certaine force, d'une certaine gaieté, qui naissent de l'attention qu'ils font aux personnes qu'ils ont devant les yeux. Il y a en cela une vaine délectation, qui est un effet de la luxure spirituelle, Considérée dans le sens que nous lui donnons ; la volonté y prend aussi de la complaisance.

D'autres font amitié avec certaines gens, sous prétexte de spiritualité ; mais, en effet, la sensualité fait plus ces liaisons de cœur que le pur esprit : ce qui paraît, en ce que cette amitié n'augmente pas l'amour de Dieu ni la mémoire de sa présence ; au contraire, elle donne de grands remords de conscience. Quand l'amitié est vraiment spirituelle, elle fortifie l'amour de Dieu à proportion qu'elle croît ; et plus on y pense, plus on se souvient de Dieu, plus on désire de le posséder : de sorte que les accroissements se font également des deux côtés. C'est le propre de l'esprit divin d'ajouter bien sur bien, et d'augmenter l'un par l'autre, à cause de la conformité et de la ressemblance qui se trouvent entre eux.

Mais lorsque l'amitié naît de la sensualité, elle fait des effets contraires. Plus elle augmente, plus l'amour et le souvenir de Dieu diminuent. La chaleur et la véhémence de l'une font la froideur et le relâchement des autres ; et on s'aperçoit bientôt qu'on a oublié Dieu et qu'on ne l'aime plus, quoique la conscience reproche avec amertume ce changement criminel.

Au contraire, si l'amour de Dieu s'allume davantage dans l'âme, l'amitié sensuelle se ralentit davantage et s'éteint dans un oubli éternel. Ces deux amours se combattent directement l'un l'autre ; et, bien loin de s'aider mutuellement, celui qui a le dessus étouffe l'autre et s'établit plus solidement sur ses ruines. Notre Sauveur exprime ceci en ces termes : *Ce qui est né de la chair est chair, et ce qui est né de l'esprit est esprit* (*Joan.*, III, 6). C'est-à-dire : l'amour qui naît de la sensualité se borne à la sensualité ; et l'amour qui naît de l'esprit se termine à l'esprit de Dieu et le fait croître en nos âmes. Et c'est la différence qui se trouve entre ces deux amours, et qui nous en donne la connaissance distincte et certaine. Mais lorsque l'âme s'est introduite dans la nuit obscure, elle les règle sur la droite raison : elle donne des forces et de la pureté à celui qui est selon Dieu ; elle étouffe ou elle mortifie celui qui est selon la sensualité.

CHAPITRE 5

Des défauts où le vice de la colère précipite ceux qui commencent.

Le désir déréglé d'avoir des consolations spirituelles est cause qu'il s'y mêle beaucoup de défauts, qui viennent de l'impatience et de la colère. Car les commençants qui sont privés des douceurs qu'ils avaient coutume de sentir dans leurs exercices, deviennent naturellement secs et durs dans cet état ; et l'amertume de cœur qui les abat, les rend pesants, fâcheux à eux-mêmes, et colères dans les moindres occasions qui se présentent : ce qui leur arrive souvent après qu'ils ont passé quelque temps dans un profond recueillement et dans une oraison pleine de délices toutes célestes. Car, quand ces douceurs se sont évanouies, ils s'ennuient et se dégoûtent comme des enfants qu'on a sevrés de la mamelle et du lait qu'ils suçaient avec plaisir. Cependant, lorsque les commençants résistent à ces défauts naturels, et ne permettent pas qu'ils aient le dessus, il n'y a nul péché : c'est seulement une imperfection qu'on efface par les peines et les aridités de la nuit obscure.

Quelques-uns aussi d'entre eux sont agités d'une autre espèce de colère : ils observent les vices du prochain, et, par un zèle trop inquiet, ils s'emportent jusqu'à le reprendre avec indignation, comme s'ils étaient les maîtres de la vertu, et les docteurs qui l'enseignent à tout le monde. Tout cela est bien éloigné de la douceur spirituelle.

Quelques autres, jetant les yeux sur leurs défauts, s'indignent contre eux-mêmes avec plus d'orgueil que d'humilité ; et leur impatience est si excessive, qu'ils voudraient acquérir en un jour la sainteté. Plusieurs se proposent beaucoup de choses, et forment le dessein d'exécuter les plus grandes ; mais, parce qu'ils sont destitués d'humilité et pleins de confiance en eux-mêmes, plus ils font d'actions, plus ils commettent de fautes et se fâchent davantage, ils n'ont pas même la patience d'attendre que Dieu leur accorde ce qu'ils désirent. Cela est encore très-contraire à la douceur spirituelle.

Tous ces maux ne se peuvent guérir que dans la nuit obscure ; mais, comme les esprits sont de différents caractères, on en voit de si lents et de si peu sensibles, qu'à peine travaillent-ils pour leur avancement en la vertu, et cette lenteur n'est pas agréable à Notre-Seigneur.

CHAPITRE 6

Des imperfections dont la gourmandise spirituelle est la source.

Il se présente beaucoup de choses à dire du quatrième vice, qui est la gourmandise spirituelle : à peine se trouve-t-il un seul homme entre les commençants, quoiqu'il soit d'une prudente conduite en la vie intérieure, sur qui quelques-unes des imperfections que la gourmandise spirituelle cause ne rejaillissent, parce que la douceur qui se répand en leur âme au commencement de leurs exercices spirituels les abandonne. C'est pourquoi plusieurs, attirés par ces charmes, cherchent plutôt ces tendresses délicieuses que la pureté de cœur et la véritable dévotion. Ainsi cette gourmandise les possède absolument, et les retire du milieu et de la médiocrité en quoi consiste la vertu, et les fait passer d'une extrémité à une autre extrémité, et du défaut à l'excès, sans garder aucune mesure. De sorte que les uns s'épuisent d'austérités, et les autres s'affaiblissent de jeûnes, qu'ils font au-dessus de leurs forces, sans modération, sans règle, sans conseil, sans soumission aux ordres de ceux qui sont chargés de leur conduite spirituelle, et même quelquefois contre le commandement de leurs supérieurs ou de leurs directeurs. Ces gens-là sont assurément très-imparfaits, et privés du bon sens et de la raison, puisqu'ils préfèrent ces choses à la sujétion et à l'obéissance, en quoi réside la pénitence intérieure, raisonnable et discrète, et qui est un sacrifice plus agréable à Dieu que toutes les macérations du corps, lesquelles étant entreprises sans soumission, sont des sacrifices défectueux, parce que le seul dérèglement de la passion et du goût qui les accompagnent en est le principe, la cause et le motif. Et, comme les extrémités sont toujours vicieuses, et que la volonté propre règne en ce genre de vie, ceux qui le suivent accroissent plutôt leurs vices que leurs vertus ; au moins ils nourrissent leur gourmandise spirituelle et leur orgueil, en se retirant de l'obéissance. Ce qui donne lieu au démon d'en séduire plusieurs par les désordres de la gourmandise, qu'il irrite sans cesse, afin que, ne pouvant rien faire davantage, ils entreprennent autre chose que ce qu'on leur a ordonné, et qu'ils le changent en un autre exercice, ou qu'ils y ajoutent quelque nouvelle mortification, parce que toute obéissance les gêne, les inquiète et leur paraît fort fâcheuse. Quelques-uns sont même si malheureux, qu'ils perdent la volonté et la résolution de faire ce que l'obéissance leur enjoint, quoiqu'ils semblent s'y soumettre ; car ils n'exécutent volontiers, en ces rencontres, que ce que la douceur qui les flatte les excite à accomplir. Mais, après tout, il leur serait peut-être plus utile d'omettre ces choses que de les faire de cette manière.

On en voit d'autres qui pressent obstinément et avec importunité leurs pères spirituels de leur accorder ce qu'ils désirent, et qui le veulent obtenir presque par force. Que si on leur refuse ce qu'ils demandent, ils s'affligent comme des enfants ; ils sont mécontents ; ils s'imaginent qu'ils ne servent pas Dieu, puisqu'on ne leur permet pas de faire ce qu'ils voudraient. Car, ne s'appuyant que sur les tendresses de cœur et sur la propre volonté qui les entretiennent en leur dévotion, aussitôt qu'on les en prive pour les rendre conformes à la volonté de Dieu, ils s'attristent, ils languissent, ils perdent cœur, d'autant qu'ils croient que s'appliquer au service de Dieu d'une manière qui lui soit agréable, ce n'est autre chose que jouir, dans les exercices spirituels, de beaucoup de consolations intérieures.

De plus, il s'en trouve à qui la gourmandise spirituelle ôte tellement la connaissance de leurs misères et de leur bassesse, et imprime un si grand oubli de la crainte, de l'amour, de la vénération qu'ils doivent à Dieu, qu'ils ne se font point scrupule d'extorquer de leurs confesseurs le fréquent usage de la confession et de la communion ; et, ce qui est pire, ils ne craignent pas de s'approcher de la sainte table sans leur avis, sans leur permission ; et même ils s'efforcent de leur cacher cette pratique. De sorte que ce désir déréglé de la sainte communion est cause qu'ils reçoivent le sacrement de pénitence avec peu d'exactitude et beaucoup de négligence, se mettant plus en peine de manger simplement cette viande divine, que d'y participer avec la pureté et la perfection requises. Il leur serait néanmoins plus salutaire, et il y aurait plus de vertu, ayant le défaut qu'ils ont, de prendre des inclinations contraires, et de prier leurs confesseurs de ne leur pas ordonner des communions fréquentes. Cependant le meilleur parti qu'on peut prendre, dans ces deux extrémités, est de s'abandonner avec humilité à la volonté des pères spirituels. Mais ceux qui présument trop en ceci de leurs bonnes dispositions, se jettent dans de grands maux, et doivent craindre que cette témérité ne leur attire quelque punition.

Lorsque ces personnes mangent le corps de Jésus-Christ dans la sainte eucharistie, ils font plutôt leurs efforts pour se pénétrer de la douceur qui en coule, que pour adorer humblement et louer ce Dieu incarné, qui est présent en leur poitrine ; ils sont si persuadés que tout le fruit de la communion est renfermé dans ce goût et dans cette dévotion sensible, que, s'ils en sont privés, ils pensent n'avoir rien fait pour leur âme, et jugent peu favorablement des effets de la possession de Dieu. Ils ne peuvent se mettre en l'esprit que ce qui nous touche sensiblement, dans l'usage de ce très-divin sacrement, est le moindre fruit qu'on en tire, mais que c'est principalement la grâce invisible qu'il produit en nos âmes.

Aussi Dieu refuse souvent ce goût, afin qu'on le regarde plus purement avec les yeux de la foi. Ils voudraient enfin sentir Dieu et le goûter dans la participation des saints mystères et dans les autres exercices spirituels, comme s'il était capable d'être pris et touché d'une manière matérielle et sensible. Tout cela est assurément très-parfait et très-opposé à la nature et aux perfections de Dieu, qui demande de nous une foi très-pure et très-simple.

Ils se comportent suivant les mêmes principes dans l'oraison, convaincus que, pour être bonne, elle doit verser dans le cœur des torrents de consolations sensibles. De sorte qu'ils se fatiguent l'imagination, et s'épuisent la tête pour jouir de ces délices intérieures. Et, parce que s'ils n'en viennent pas à bout, ils ont du chagrin et croient mal employer le temps, ils perdent la véritable dévotion, qui consiste en la persévérance dans l'oraison, en l'humilité, en la défiance de soi-même, et dans le seul désir de plaire à Dieu. Pour cette raison aussi, lorsqu'ils manquent une seule fois de se rassasier de ces plaisirs spirituels, ils ont une extrême peine à reprendre la méditation, ou ils en abandonnent l'exercice. Ils font à peu près comme les enfants, qui agirent, non point par raison, mais par sensualité : de même ils ne courent en la vie intérieure qu'après les consolations sensibles ; et pour cette fin ils lisent divers livres spirituels, et changent sans cesse les sujets de leurs oraisons. Si bien que c'est avec justice, avec sagesse et avec amour, que Dieu ne se fait pas sentira à eux. Ce refus de Dieu les préserve de plusieurs inconvénients considérables, que la gourmandise spirituelle leur attirerait. Ce qui me fait dire que la nuit obscure, c'est-à-dire la mortification, leur est nécessaire pour les délivrer de ces badineries puériles.

Les mêmes hommes sont encore fort tièdes et fort lâches dans le chemin de la croix : ils abhorrent l'amertume de leur propre abnégation ; ils sont pleins d'une infinité d'autres défauts, auxquels Dieu apporte le remède efficace par les tentations, par les aridités, par les afflictions dont il les exerce, et qui font une partie de la nuit obscure : mais, de peur d'être trop long, je n'en dirai rien davantage. Il suffit d'assurer ici que la sobriété et la tempérance spirituelle tient des routes bien différentes : elle conduit à Dieu par le chemin de la mortification, de la crainte, de la soumission en toutes choses, et elle nous apprend que la perfection et la valeur des actions ne se trouve pas dans leur multitude, mais dans le renoncement de soi-même. De sorte que les commençants doivent s'appliquer surtout à parvenir à cette abnégation, autant qu'ils le peuvent, jusqu'à ce que Dieu les purifie dans la nuit obscure.

CHAPITRE 7

Des imperfections qui procèdent de l'envie et de la paresse spirituelle.

Les commençants se souillent aussi de plusieurs imperfections que l'envie et la paresse spirituelle traînent avec elles ; car, pour ce qui est de l'envie, plusieurs des commençants se chagrinent et s'affligent sensiblement du bien spirituel des autres, qui les surpassent en vertu et en spiritualité. Ils ne souffrent qu'avec peine qu'on les loue ; ils diminuent les louanges qu'on leur donne, ou ils affirment le contraire. Ils sont pénétrés de douleur lorsqu'on ne les préfère pas à ces gens-là, ou qu'on estime les autres autant qu'eux-mêmes. Ce qui est contraire à la charité, laquelle, selon saint Paul, se réjouit du bien spirituel et de la perfection d'autrui. Que si la charité est touchée de quelque envie, ce n'est qu'une sainte émulation, qui lui inspire de la douleur de ce qu'elle ne possède pas autant de vertu que les autres, mais qui ne l'empêche pas d'avoir de la joie de ce qu'ils en ont plus qu'elle, afin qu'ils rendent plus de service et plus de gloire à Notre-Seigneur.

Quant à la paresse spirituelle, les commençants s'ennuient ordinairement des choses qui sont si spirituelles, qu'elles ne leur causent aucun goût sensible. Car, comme ils se sont accoutumés à cette douceur, aussitôt que les exercices de l'intérieur ne les en comblent pas, ils en prennent un grand dégoût ; ils quittent l'oraison, ou ils ne la font qu'avec répugnance. Il est néanmoins expédient que Dieu les prive de ces délices sensibles pour les éprouver. Ainsi cette paresse les engage à préférer la satisfaction de leur goût à la perfection, à laquelle l'abnégation de sa volonté propre et de la sensualité conduit sûrement ; et de cette manière ils cherchent plus à se satisfaire qu'à contenter Dieu. De là vient qu'ils estiment que tout ce qui ne favorise pas leur penchant n'est pas conforme à la volonté de Notre-Seigneur ; et qu'au contraire tout ce qui est de leur goût est agréable à Dieu. Ils jugent de Dieu par leurs sentiments, et ils ne jugent pas d'eux-mêmes par les sentiments de Dieu. Mais ils se trompent, puisque *celui*, dit Jésus-Christ, *qui voudra sauver sa vie la perdra ; et celui qui la perdra pour l'amour de moi, la trouvera* (*Matth.*, XVI, 25).

Ils s'abandonnent aussi à la douleur, lorsqu'on les oblige à faire des choses qui ne leur donnent aucune délectation. Et, comme ils sont fort avides des consolations intérieures, s'ils en sont destitués, ils ne travaillent à la perfection qu'avec tiédeur et qu'avec faiblesse. Ils ressemblent à ceux qui, ayant été nourris dans les plaisirs, s'exemptent le plus qu'ils peuvent des mortifications et des austérités ; ils fuient la croix, quoiqu'elle soit la source des délices de l'esprit les plus solides. Plus les choses sont spirituelles, plus elles les ennuient ; car, désirant de marcher dans ces pieux exercices par le chemin le plus large, et de vivre selon les inclinations de leur volonté, ils ont beaucoup de peine et de tristesse d'entrer dans la voie étroite dont le Fils de Dieu parle dans l'Évangile.

Mais c'est assez parler des imperfections de ceux qui commencent à s'appliquer à la vie spirituelle. Il est aisé de comprendre la nécessité qu'ils ont de passer avec la grâce divine à l'état de ceux qui profitent en cette voie. C'est ce qu'ils font lorsque Dieu les introduit dans la nuit obscure, où il les garantit de ces défauts et de ces tendresses sensibles, en les jetant dans les ténèbres intérieures et dans les aridités, et en les conduisant à la vertu par les différents moyens qu'il leur inspire. Car, quoique les commençants s'exercent de toutes leurs forces à mortifier leurs passions, ils ne pourront toutefois les étouffer, ou du moins les soumettre suffisamment à la conduite de la raison et de la grâce, avant que Dieu leur ait donné cette victoire par l'usage de la nuit obscure ; mais, pour parler utilement d'une matière si difficile, il est nécessaire que Dieu nous donne de grandes lumières ; et c'est ce que je lui demande avec toute l'ardeur possible.

CHAPITRE 8

On explique le premier vers du premier cantique, et on commence à donner de l'éclaircissement à la nuit obscure.

Pendant une nuit obscure.

Cette nuit, qui n'est autre chose, comme nous l'avons dit, que la contemplation obscure, produit deux sortes de ténèbres ou de purgation dans les personnes spirituelles, selon les deux parties de l'homme, l'animale et la raisonnable. Ainsi la nuit ou la purgation qui purifie les sens s'accommode et se proportionne à l'esprit suivant les mêmes sens ; et la nuit ou la purgation qui purifie l'esprit dispose l'âme à l'union de Dieu. La nuit qui purifie les sens est commune a plusieurs, et surtout aux commençants, dont nous parlerons d'abord. La nuit qui purifie l'esprit n'est le propre que de peu de gens, savoir, de ceux qui sont avancés en la vie intérieure, et qui se sont exercés longtemps en cette voie. Nous en traiterons aussi en son lieu.

La première nuit est amère et terrible aux sens ; mais la seconde est, sans comparaison, plus formidable à l'esprit. Comme plusieurs ont écrit de la première, parce que c'est une matière commune, j'en dirai ici peu de chose, mais je m'étendrai davantage sur la seconde, parce qu'on en a peu écrit, et qu'on n'en a presque point d'expérience.

Il faut donc rappeler en sa mémoire ce que nous avons dit, que les commençants agissent et vivent dans les voies de Dieu d'une manière basse, grossière, commode à leur goût et à leur amour-propre. Ils s'exercent d'ordinaire dans le discours pendant l'oraison, et ils donnent aux sens toute la douceur qu'ils y peuvent trouver ce qui est mêlé de beaucoup d'imperfections. Ensuite, après avoir fait quelques progrès en la vertu, en jouissant des délices de la méditation, ils étouffent peu à peu l'amour des choses du monde ; et, en acquérant de plus grandes forces spirituelles, ils répriment les passions qui les portent à la recherche des créatures, de sorte qu'ils peuvent soutenir pour l'amour de Dieu les peines que les aridités leur causent. Mais, lorsque les exercices de la vie intérieure leur réussissent selon leurs désirs ; lorsqu'ils sont comblés de consolations, et que les grâces du ciel coulent avec abondance dans leur âme, Dieu les retire de cet état qui a encore quelque chose d'imparfait, pour les rendre capables de ses communications les plus intimes. Il les prive de tous ces plaisirs sensuels, de toutes ces tendresses, de toutes les lumières consolantes qu'il répandait sur eux, parce qu'ils étaient encore faibles et tendres, selon le langage de saint Jean : *J'ai ouvert une porte devant vous que personne ne saurait fermer, parce que vous avez un peu de force, et que vous avez gardé ma parole, et n'avez pas renoncé mon nom* (*Apoc.*, III, 8). Ensuite il les environne de ténèbres si épaisses, qu'ils ne savent de quel côté se tourner, quelque effort d'imagination et d'esprit qu'ils fassent, pour appeler à leur secours le raisonnement et les considérations ; ils ne peuvent plus méditer, et leur sens intérieur est abîmé dans cette nuit, et abandonné à la sécheresse, de telle sorte qu'ils ne sentent pas la moindre douceur dans les exercices de piété ; au contraire, ils sont plongés dans des torrents d'amertume. Dieu les traite ainsi pour les accoutumer à marcher d'eux-mêmes, je veux dire à ne se plus appuyer sur les consolations sensibles. Mais alors cette voie leur parait toute nouvelle, étant contraire à leurs premières démarches.

Ce changement arrive plus souvent à ceux qui se sont éloignés du monde, et qui ont déjà passé par les commencements de la vie intérieure, qu'à ceux qui ne sont pas encore entrés dans cette carrière : ce qui vient de ce qu'ils se sont délivrés des occasions de renoncer à leurs bons propos, et qu'ils domptent plus facilement en ce temps-là l'amour des choses terrestres. Ces dispositions sont nécessaires pour entrer dans l'heureuse nuit des sens, ce qui arrive pour l'ordinaire peu de temps après qu'ils ont commencé de s'étudier à la spiritualité.

CHAPITRE 9

Les marques par lesquelles on peut connaître qu'une personne spirituelle est dans la nuit, ou la purgation des sens.

Les aridités des commençants peuvent quelquefois venir d'une autre cause que de la nuit ou de la purgation des sens ; elles naissent souvent des péchés et des imperfections, ou de la tiédeur et du relâchement d'esprit, ou des humeurs déréglées du corps et de ses mauvaises dispositions. C'est pourquoi je veux donner des marques pour découvrir si elles procèdent de cette purgation, ou de quelques-uns des vices que nous avons expliqués ci-dessus. J'en trouve trois.

La première est lorsque celui à qui les choses divines ne donnent aucune satisfaction sensible ne trouve aussi nul contentement dans les créatures. Quand Dieu met l'âme dans la nuit obscure, il la prive de toutes sortes de plaisirs, afin de purifier ses passions. Et c'est alors un signe évident que son dégoût et son amertume coulent de cette source, et ne viennent pas de ses péchés ou de ses imperfections. En effet, si cela était, la nature corrompue ferait paraître quelque penchant, ou quelque envie de chercher d'autres délices que celles des choses célestes ; car, aussitôt qu'on lâche la bride aux passions, elles courent après les délectations sensuelles, suivant la force ou la faiblesse de leur penchant. Mais ce dégoût des choses naturelles et surnaturelles peut avoir pour principe la mélancolie, qui ne permet pas qu'on prenne aucun plaisir...

La seconde marque de la nuit obscure ou de la purgation des sens est que cette nuit élève l'esprit à Dieu, et qu'elle remet Dieu souvent en la mémoire, avec chagrin néanmoins et avec douleur, parce que l'âme croit toujours, étant destituée de ses premières consolations, qu'elle ne sert pas bien Dieu, et qu'au lieu d'avancer, elle recule. On voit par là que ce n'est pas la tiédeur et le relâchement qui lui causent cette peine ; car c'est le propre des tièdes et des lâches de n'avoir ni soin des choses divines, ni empressement pour se perfectionner. De là nous tirons facilement la différence qui est entre l'aridité et la tiédeur. Celle-ci rend notre volonté languissante dans le culte de Dieu, et ne nous porte pas avec chaleur à l'honorer ; celle-là nous pique et nous presse vivement de lui procurer de la gloire : cependant, quoique la sécheresse que Dieu emploie pour purifier les sens naisse quelquefois de la mélancolie ou de quelque autre humeur grossière, néanmoins elle n'est pas moins efficace pour purifier l'appétit sensitif, puisqu'il est alors dépouillé de toutes sortes de contentements, et que l'âme dans cet état attache toutes ses pensées à Dieu ; car lorsque l'humeur s'est répandue dans le cœur, elle cause de l'ennui et détruit toutes les satisfactions de la nature, sans inspirer les désirs de servir Dieu, qui accompagnent toujours l'aridité qui purifie les sens. A la vérité, la partie inférieure, n'étant plus soutenue d'aucune consolation sensible, opère très faiblement ; mais l'esprit ne laisse pas d'être très-vif et très-fort en ses opérations.

La cause de cette sécheresse est que Dieu change les forces des sens en forces de l'esprit ; et, comme les sens ne sont pas capables des biens spirituels, ils restent tout vides et tout arides, et n'ont nulle qualité propre pour posséder ce qui est purement spirituel. Ainsi lorsqu'on a goûté l'esprit et les choses spirituelles, la chair et les choses matérielles sont insipides ; et quand on opère selon les sens, on agit d'une manière languissante et fort lâche ; au contraire, l'esprit se nourrit alors et augmente ses forces de plus en plus, et veille avec soin et avec application, de peur de manquer à correspondre aux impressions de Dieu ; mais, comme ce changement le met dans un état tout nouveau, il n'est touché au commencement d'aucune délectation spirituelle, et il est encore pénétré d'amertume et travaillé de sécheresses ; ce qui vient de ce qu'il est accoutumé à ces douceurs, et qu'il les regarde comme un bien agréable. Et, parce qu'il n'a pas le goût spirituel assez épuré pour sentir un plaisir si délicat, et que cette nuit pleine d'aridités et d'obscurités ne l'a pas disposé à jouir de ces délices, il ne peut ni posséder ce bien spirituel, ni éviter les sécheresses et les amertumes qui procèdent de la privation de ses premières consolations ; car ceux que Dieu engage dans la solitude de ce désert sont de même caractère que les Israélites, qui s'ennuyaient de la nourriture qu'ils recevaient du Ciel, quoi-qu'elle fût de tous les goûts qu'on désirait, et qui lui préféraient la chair et les oignons d'Egypte. *Nous nous souvenons*, disaient-ils les larmes aux yeux, *du poisson que nous mangions en Egypte, et qui ne nous coûtait rien : les concombres, les melons, les poireaux, les oignons, les aulx de ce pays-là, nous reviennent à l'esprit* (*Num.*, XI, 4, 5, 6). Voilà jusqu'où s'abaisse notre appétit ; il nous donne de l'inclination pour nos misères, et du dégoût pour ce souverain bien qui peut seul nous contenter. Toutefois cela n'empêche pas l'esprit de se revêtir d'une certaine force et d'une certaine vigueur, qui le fait opérer avec vivacité, et qui vient de la nourriture intérieure et substantielle qu'il prend pendant cette privation de goût et de tendresse spirituelle ; et c'est en ce temps-là qu'il commence à entrer dans la contemplation ; mais cette contemplation est sèche, obscure, imperceptible au sens, et inconnue à celui même qui y est élevé : elle lui imprime néanmoins un grand penchant pour la solitude, et un ardent désir de demeurer dans le repos, ne pouvant se résoudre à penser à aucun objet particulier, et ne voulant pas même s'y appliquer. Si ceux qui éprouvent ces choses se tenaient dans un grand calme ; s'ils ne faisaient nul cas des opérations intérieures et des actions extérieures auxquelles leur industrie et leurs discours pourraient contribuer ; s'ils s'abandonnaient à la conduite de Dieu, sans se mettre en peine d'agir ; s'ils recevaient ses dons spirituels avec tranquillité ; s'ils l'écoulaient dans le fond de leur âme avec une attention pleine d'amour, aussitôt qu'ils seraient parvenus à cette sainte oisiveté et à l'entier oubli des choses créées, ils seraient rassasiés de cette nourriture intérieure, la plus délicate et la plus douce qu'on se puisse représenter. L'âme doit se garder néanmoins de la rechercher avec empressement ; alors elle ne la goûterait pas ; il faut la prendre dans le repos et dans une espèce d'inaction, afin qu'elle produise son effet. On peut dire enfin que cette nourriture est semblable à l'air, qui s'échappe quand on serre la main pour le retenir, et qui demeure sur la main quand on la tient ouverte et sans mouvement. De même, lorsqu'on s'efforce de prendre cet aliment, il fuit ; et, lorsqu'on lui ouvre la bouche du cœur et qu'on l'attend paisiblement, il y entre et le fortifie. On peut entendre dans ce sens ces paroles du Cantique : *Détournez vos yeux de dessus moi,* dit l'épouse sacrée à son époux, *parce qu'ils m'ont fait envoler* (*cant.,* VI, 4). Car Dieu met l'âme dans une telle disposition, et la mène par des routes si différentes, que, si elle voulait opérer d'elle-même suivant sa capacité, elle empêcherait plutôt qu'elle n'aiderait l'opération de Dieu en elle.

La raison en est qu'en ce degré de contemplation, où l'âme quitte les raisonnements de ceux qui avancent dans la vie spirituelle, c'est Dieu qui opère en elle de telle manière, qu'il semble lier ses puissances intérieures et arrêter leur activité, ne laissant ni soutien à l'entendement, ni douceur à la volonté, ni espèces de discours à la mémoire. Car tout ce qu'elle peut faire d'elle-même en ce temps-là n'est bon qu'à troubler sa paix intérieure, et qu'à faire obstacle à l'œuvre que Dieu fait dans l'esprit, pendant que le sens expérimente de grandes aridités. Laquelle opération, étant toute spirituelle et très-délicate, produit un effet paisible, délicat, dégagé de ces premières tendresses qui étaient si sensibles. Et c'est là sans doute cette tranquillité dont parle le prophète David : *Le Seigneur,* dit-il, *annoncera la paix à son peuple* (*Psal.,* LXXXIV, 9), c'est-à-dire à l'âme, afin qu'elle soit spirituelle. C'est de là que nous tirerons...

La troisième marque, qui consiste en ce que l'âme ne peut plus, quelque effort qu'elle fasse, ni méditer ni discourir, en se servant comme auparavant de l'imagination pour s'exercer et s'émouvoir. Car Dieu commence alors de se communiquer à l'âme, non par le sens et par les raisonnements, mais par l'esprit tout pur et sans discours, et par une simple contemplation, à laquelle les sens intérieurs et extérieurs de la partie inférieure ne peuvent atteindre. C'est pourquoi l'imagination et la fantaisie n'ont plus rien pour s'appuyer, et ne peuvent ni donner commencement à la méditation, ni la continuer si elle est commencée, ni contribuer en aucune façon à la faire.

Il faut remarquer, sur ce sujet, que cet empêchement des puissances de l'âme, et ce peu de satisfaction qu'elles ont en cet état, ne sont nullement l'effet d'aucune humeur déréglée. S'ils en étaient l'effet, après que cette humeur, qui est naturellement changeante, serait consumée, l'âme pourrait, avec un peu d'application, reprendre ses premières opérations, et ses puissances trouveraient facilement leurs premiers appuis. On voit le contraire dans la purgation de l'appétit sensitif : aussitôt que l'âme y est entrée, il est impossible à ses puissances d'user de discours dans la méditation. Car, quoique cette purgation ne se fasse pas sans interruption dans quelques-uns, quoique quelques autres jouissent par intervalle des consolations sensibles de l'oraison, néanmoins ils avancent toujours de plus en plus en cette purgation, et mettent fin à leurs opérations sensibles, Dieu les disposant ainsi à passer plus outre. Car ceux qui ne marchent pas par le chemin de la contemplation se trouvent souvent dans différents états, parce que la nuit ou la mortification des aridités ne dure pas toujours chez eux. Quelquefois ils souffrent des sécheresses, et ils en sont quelquefois exempts. Quelquefois ils ne peuvent pas raisonner dans l'oraison, quelquefois ils le peuvent.

Pour ce qui est de la nuit obscure, Dieu les y fait entrer, afin de les exercer, de les humilier, de purifier leurs passions et leurs désirs, de peur qu'ils ne s'accoutument à ces attraits intérieurs, qui contentent la gourmandise spirituelle. Il ne les y met pas, pour les conduire à la voie de l'esprit, qui est la contemplation obscure ; car il n'élève pas à la parfaite contemplation tous ceux qui font profession de la vie spirituelle ; lui seul sait les causes de cette conduite. C'est pour cette raison qu'il ne prive jamais entièrement ces gens-là des considérations et des discours de la méditation ; mais il en use quelquefois plus libéralement avec les uns, et il a quelquefois plus de réserve avec les autres.

CHAPITRE 10

De la manière de se comporter en cette nuit obscure.

Pendant que ces aridités assiègent l'âme, et que cette nuit l'obscurcit, Dieu la fait passer de la voie du sens à la voie de l'esprit ; c'est-à-dire de la méditation à la contemplation, où elle ne peut ni opérer d'elle-même, ni discourir. En ce temps-là les personnes spirituelles sont fort inquiétées ; car elles craignent de s'égarer en ce chemin, d'avoir perdu tous les biens spirituels qu'elles croyaient avoir acquis, et d'être abandonnées de Dieu, puisqu'elles ne reçoivent ni soutien ni douceur dans la vie intérieure. Alors elles se fatiguent sans cesse l'imagination et l'esprit, pour rentrer dans les goûts sensibles et dans les raisonnements où elles étaient auparavant, se persuadant que sans cela elles ne font rien et perdent le temps. Tous ces efforts néanmoins sont d'autant plus fâcheux à l'âme, qu'elle sent plus de résistance à reprendre ce premier travail, et qu'elle a plus de penchant et plus d'attrait à demeurer dans le repos de la contemplation.

Mais, tandis que ces gens-là se retirent de cette sainte oisiveté, ils ne gagnent rien par leur application laborieuse. Ils occupent bien leur esprit à produire des actes, mais ils perdent la tranquillité intérieure dont ils jouissaient auparavant. C'est pourquoi on les peut comparer à un homme qui recommence à faire l'ouvrage qu'il avait achevé, ou à celui qui rentre en la ville dont il était sorti, ou à celui qui laisse aller la proie qu'il avait prise, pour courir après et la reprendre. Comme les soins de ceux-ci sont inutiles, parce qu'il ne leur en revient aucun profit, de même les efforts de ceux-là sont vains, parce qu'il ne leur sert de rien de chercher autre chose que ce qu'ils ont, ni de retourner à leur premier état. Au contraire, s'ils n'ont point alors de directeur qui comprenne parfaitement leur intérieur, et qui les conduise avec beaucoup de prudence, ils reculent au lieu d'avancer ; ils quittent le droit chemin, ils se relâchent en leurs exercices ; ils s'empêchent eux-mêmes de passer plus outre en la voie de la vertu. Les causes de ces désordres sont l'extrême peine qu'ils se donnent à méditer et à raisonner en l'oraison, la fatigue et le chagrin qu'ils causent à leur propre naturel, et la pensée qu'ils ont que leurs péchés et leur négligence font obstacle à leur avancement spirituel. Cependant, c'est une chose superflue de travailler de la sorte, Dieu les menant par un chemin très-différent ; savoir : par celui de la contemplation, qui est fort éloigné de la voie de la méditation, du discours et des opérations de l'imagination.

Ceux qui en sont réduits là, doivent s'encourager à souffrir ce dénûment et à persévérer. Ils ne doivent point perdre cœur ni succomber sous leurs souffrances ; mais ils doivent mettre toute leur confiance en Dieu. Ce Père des miséricordes donne infailliblement du secours à ceux qui le cherchent avec un cœur droit et simple, et il leur fournit tout ce qui est nécessaire pour marcher par ces routes, jusqu'à ce qu'il les ait conduits à la claire et paisible lumière de l'amour divin, à laquelle ils arrivent par les obscurités de la nuit spirituelle, lorsqu'ils ont mérité la grâce d'y entrer.

La manière donc de se gouverner dans la nuit du sens est de ne se pas mettre en peine de la méditation et du discours, puisque ce n'est plus le temps d'en user, mais de s'abandonner au repos et à la tranquillité où Dieu met l'âme, quoiqu'il semble qu'on ne fait rien, qu'on perd le temps, et qu'on vit dans la tiédeur, qui empêche qu'on ait aucune bonne pensée en l'oraison, ni aucun sentiment tendre et affectueux. Ceux que Dieu traite de la sorte feront beaucoup de supporter patiemment leur désolation, et d'être constants en la prière mentale : tout ce qu'on demande d'eux en ce temps-là, c'est qu'ils laissent leur âme en paix ; qu'ils la dégagent de toutes connaissances et de tous sentiments ; qu'ils ne s'inquiètent pas de ce qu'ils pourront méditer ; qu'ils se contentent de faire une attention tranquille et amoureuse à Dieu. Il faut qu'ils persistent en cet état, sans soin, sans effort, sans désir de Dieu en eux-mêmes et de le goûter. Tous ces empressements les troubleraient et les éloigneraient de l'aimable oisiveté de la contemplation que Dieu communique à l'âme.

Il est vrai qu'ils auront de grands scrupules, s'imaginant qu'ils passent inutilement le temps en l'oraison, et qu'ils feraient mieux de s'appliquer à d'autres bonnes œuvres. Mais, nonobstant les agitations de leur conscience, ils doivent se tenir en paix, se persuadant qu'ils vont à l'oraison, non pas pour satisfaire le sens, mais pour fortifier l'esprit. Il leur faut donc dilater leur cœur et relever leur courage, pour conserver le calme intérieur dans ce grand dépouillement ; car, s'ils voulaient agir eux-mêmes et occuper leurs puissances à produire divers actes, ils perdraient les biens spirituels dont Dieu enrichit l'âme dans le repos de la contemplation. Ils seraient semblables à un peintre qui voudrait tirer le visage d'une personne, laquelle tournerait sans cesse la tête de tous côtés ; assurément, quelque application qu'il eût, il ne pourrait L'attraper : de même, s'ils s'appliquent à faire de continuelles opérations lorsque l'âme jouit d'une paisible contemplation, ils interrompront la jouissance que l'âme a de Dieu ; ils priveront l'âme de sa paix ; ils la jetteront dans le trouble et dans la sécheresse ; ils empêcheront Dieu de se communiquer à elle et de se faire voir tout pur dans son intérieur. Car plus ils chercheront les appuis de la connaissance et de l'affection que l'esprit et le cœur produisent, plus ils sentiront de vide en l'âme et d'éloignement de Dieu, à quoi on ne peut suppléer par cette voie, ni apporter aucun remède. C'est pourquoi il est expédient à l'âme de se priver sans chagrin des opérations, et même d'en souhaiter la cessation. Car Dieu lui donne avec abondance et avec paix une contemplation infuse, lorsqu'elle n'étouffe pas l'opération ; il la remplit de joie afin qu'elle brûle de l'amour divin, que cette obscure et secrète contemplation allume dans son cœur.

Néanmoins on ne peut fonder sur cette doctrine une règle générale pour juger s'il faut renoncer a la méditation et au raisonnement. Car il est constant qu'on ne doit jamais en laisser la pratique, sinon lorsqu'on ne peut plus s'en servir ; c'est-à-dire quand Dieu en arrête le cours par le moyen de la purgation du sens, par les peines qui viennent de là, et par la parfaite contemplation dont l'âme est prévenue. En tout autre temps et en toute autre occasion, cette aide est nécessaire à l'âme, principalement la méditation de la vie et de la passion de Jésus-Christ. Car c'est le meilleur moyen que nous ayons pour purifier les sens, pour obtenir la patience qu'il faut pratiquer dans ces croix, pour marcher purement en cette voie, et pour arriver d'une manière admirable à une éminente contemplation, parce qu'en effet cette contemplation n'est autre chose qu'une infusion de Dieu secrète, tranquille et amoureuse ; laquelle, si on lui donne entrée dans l'âme par des dispositions propres, nous enflamme de l'amour divin, comme le vers suivant le fait comprendre.

CHAPITRE II

On donne le sens de trois vers du premier cantique.

Enflammée d'un amour inquiet.

On n'aperçoit pas d'abord l'ardeur de l'amour divin, parce qu'il ne commence pas alors à s'allumer dans le cœur, soit à cause de l'impureté qui infecte encore la nature, soit parce que l'âme ne l'a pas laissé agir paisiblement en elle pour s'embraser, d'autant qu'elle ne se connaissait pas encore elle-même. Néanmoins, soit qu'elle se connaisse ou ne se connaisse pas elle-même, elle commence quelquefois à sentir un ardent désir de Dieu ; en sorte que plus elle avance, plus elle se voit touchée de l'amour divin : elle ne comprend pas toutefois d'où naît cet amour. Cependant cette ardeur s'augmente tellement, qu'elle désire Dieu par les mouvements d'un amour inquiet, comme le prophète royal, se trouvant dans cette obscure nuit, le dit lui-même en ces termes :

Mon cœur a été enflammé ; mes reins ont été changés ; j'ai été réduit au néant, et je ne l'ai pas connu (*Psal.*, LXXII, 21). C'est-à-dire : Mon cœur, ô mon Dieu, s'est allumé de votre amour dans la contemplation ; mes tendresses et mes affections sont changées ; et de sensuelles qu'elles étaient, elles sont devenues spirituelles par les sécheresses et les aridités qui les ont purifiées et qui les ont fait cesser. Mon âme, sans savoir par quel chemin elle marche, se voit comme anéantie dans toutes les choses qu'elle goûtait auparavant avec plaisir, dans la partie supérieure et dans la partie inférieure ; elle se sent aussi blessée d'amour, mais elle ne comprend pas comment tout cela se fait. Cependant les flammes de cet amour s'accroissent de telle sorte en son cœur, et lui donnent de si puissants désirs de son Dieu, que cette soif brûlante semble lui dessécher les os, et que le feu et la force de cet amour causent à la nature de grandes langueurs et de grandes défaillances.

David a expérimenté cette vivacité d'amour : *Mon âme*, dit-il, *a désiré très-ardemment le Dieu vivant* (*Psal.*, XLI, 2). Comme s'il disait : La soif dont mon âme brûlait était fort vive. Ainsi on peut dire que cette soif vive fait mourir. Mais, quoique sa véhémence ne soit pas toujours continuelle, et qu'il y ait quelquefois de l'interruption, communément néanmoins il reste toujours quelque soif dans l'âme. Il faut cependant remarquer qu'on ne découvre point cet amour au commencement ; qu'on ne trouve que du vide et de l'aridité ; que l'âme, agitée de ces sécheresses, et touchée imperceptiblement de cet amour secret, tombe dans des désirs inquiets de Dieu, dans l'affliction et dans la crainte de ne pas servir saintement son Créateur. Cette peine et ces soins empressés pour Dieu sont un agréable sacrifice à la majesté divine ; et c'est la contemplation qui met l'âme dans ces recherches de Dieu, si soigneuses et si ardentes, jusqu'à ce que ces aridités aient purifié le sens de ses affections naturelles et sensibles ; cette contemplation allume l'amour divin dans le cœur.

Pendant que l'appétit sensuel se purifie ainsi dans cette nuit obscure et aride, l'âme n'a qu'à souffrir comme un malade qu'on traite ; et, de cette manière, elle sera délivrée de ses défauts, et pratiquera plusieurs vertus pour se rendre capable de recevoir les impressions de cet amour, comme on le va dire dans l'exposition du vers suivant :

O l'heureuse fortune !

En effet, comme Dieu n'introduit l'âme dans cette nuit que pour purifier les sens de la partie inférieure, et pour les soumettre et les unir à l'esprit, elle en tire de si grands avantages, qu'elle compte pour un extrême bonheur d'être sortie pendant cette nuit des liens étroits du sens de la partie animale, ce qui lui fait dire ce vers :

O l'heureuse fortune !

Pour l'intelligence duquel il est nécessaire d'observer les fruits que l'âme trouve en cette nuit, à cause desquels elle s'estime très-heureuse d'avoir passé par cette obscurité et par cette purgation, et qu'elle renferme en ce vers :

Je suis sortie sans être aperçue.

Cette sortie signifie la délivrance de l'âme de sa sujétion à la partie sensuelle, dans la recherche de Dieu par des opérations faibles, limitées et dangereuses, telles que sont les opérations de cette partie. Car elle tombait, presque à chaque pas, en mille imperfections et en mille ignorances, comme nous l'avons montré ci-dessus en parlant des sept vices capitaux : desquels cette nuit retire l'âme, en étouffant dans elle les goûts et les douceurs de la partie inférieure et de la partie supérieure, en interrompant ses raisonnements, et en lui apportant une infinité d'autres biens, et surtout l'acquisition des vertus. Ce sera sans doute une singulière consolation à celui qui éprouve ce rude état, de voir que ce qui paraît si dur à l'âme et si contraire à la satisfaction de l'esprit, lui soit une source de biens si considérables. Biens qu'il acquiert en passant par cette nuit, en se détachant des créatures et entrant dans le chemin qui le mène aux biens éternels. N'est-ce pas là une félicité souveraine et le sort le plus heureux du monde ? En effet, l'extinction de l'appétit et de son attachement aux choses créées lui procure un très-grand avantage. De plus, notre Sauveur dit que *la porte de la vie est petite ; que le chemin qui y conduit est étroit, et qu'il y a peu de personnes qui le trouvent* (*Matth.*, VII, 14.). L'âme a le bonheur d'y entrer et d'y persévérer avec patience. Car cette petite porte est la nuit qui dépouille l'âme des opérations et des plaisirs du sens, afin qu'elle y entre par la foi, qui est fort éloignée de tous les sens, et que, marchant ensuite par le chemin de la nuit de l'esprit, elle entre plus avant, et passe jusqu'à des choses plus parfaites par une foi très-pure, qui est le moyen par lequel elle va à Dieu et s'unit à lui.

A la vérité, cette voie est si étroite, si obscure et si horrible, qu'il n'y a point de comparaison entre les ténèbres et les souffrances de la nuit du sens et de la nuit de l'esprit, et que, pour cette cause, beaucoup moins de gens y entrent ; mais aussi les biens qui en viennent sont beaucoup plus grands. Or, c'est des biens de la nuit du sens que nous traiterons maintenant le plus brièvement qu'il sera possible, afin que nous puissions ensuite parler de la nuit de l'esprit.

CHAPITRE 12

Des biens que la nuit du sens apporte à l'âme.

La nuit ou la purgation des sens procure de si grands biens à l'âme, quoiqu'elle ne le croie pas, que comme Abraham fit un grand festin lorsque son fils Isaac fut sevré, de même on se réjouit dans le ciel lorsque Dieu sèvre l'âme, lui ôte les langes de son enfance, et la fait marcher d'elle-même. Il la prive du lait qui la nourrissait ; il lui donne du pain dur, du pain des forts ; pain propre à soutenir l'esprit, quand il est vide des tendresses et des goûts du sens, dans ses aridités et dans ses ténèbres ; pain enfin qui n'est autre chose que la contemplation infuse. Et c'est là le principal bien que l'âme reçoit alors, et qui est la source de ses autres biens.

Le premier de tous ces biens est la connaissance d'elle-même et de sa misère. Car les grâces et les faveurs que Dieu lui accorde sont enveloppées, confondues et obscurcies dans cette connaissance ; en sorte que l'âme ne les découvre pas distinctement, et n'en peut avoir de complaisance. De plus, ses aridités, la privation des douceurs abondantes qui remplissaient auparavant ses puissances, et la difficulté qu'elle sent à faire le bien, l'obligent à connaître et à confesser sa bassesse et sa misère, qu'elle n'apercevait pas tandis qu'elle jouissait des délices et des consolations intérieures de l'oraison. Nous avons dans l'*Exode* une excellente figure de cette vérité (*Exod.* III, 9). Dieu, voulant humilier les Israélites et les porter à se connaître eux-mêmes, il leur commanda de quitter les beaux habits dont ils se paraient les jours de fête, et de prendre les habits communs des artisans, afin que la grossièreté et la bassesse de ces vêtements leur fissent concevoir de quelle manière ils méritaient que Dieu les traitât. Il en usa ainsi parce que comme la recherche et la beauté de leurs habits leur inspiraient de la vanité et de l'estime d'eux-mêmes, ainsi la pauvreté et la laideur de leurs vêtements leur donnaient de l'humilité et du mépris d'eux-mêmes. Ce qui nous apprend que l'âme reconnaît la vérité qu'elle ne voyait pas. Car, lorsqu'elle est parée des dons de Dieu comme d'un habit de fête, lorsqu'elle est remplie de douceurs et soutenue de grâces sensibles, lorsqu'elle croit rendre quelque service et quelque honneur à Dieu, elle est contente d'elle-même et se plaît en ses avantages. Il est vrai qu'elle ne s'exprime pas de la sorte là-dessus, et qu'elle ne semble pas avoir ces sentiments ; mais la satisfaction qu'elle prend aux douces communications de Dieu les explique assez clairement. Néanmoins, lorsqu'elle est couverte, pour parler ainsi, des habits de l'affliction, de l'aridité, du délaissement, lorsque les lumières qui l'éclairaient sont éteintes, elle reçoit l'entière connaissance d'elle-même, elle ne s'estime plus rien, elle n'est plus contente d'elle-même, elle est enfin convaincue que d'elle-même elle ne peut rien faire.

Dieu cependant estime plus et aime mieux la peine

qu'elle souffre, en se persuadant qu'elle ne sert pas saintement son Créateur, que toutes les œuvres qu'elle faisait, et toutes les douceurs qui se répandaient dans son cœur, quoiqu'elles parussent très-sublimes. La raison en est que ces richesses spirituelles lui donnaient occasion de tomber en plusieurs imperfections. Au contraire, elle recueille de grands fruits de la connaissance d'elle-même et de ses sécheresses. Elle apprend à s'approcher de Dieu avec plus de respect et de soumission ; ce qui est toujours nécessaire dans le sacré commerce que nous avons avec lui. Elle n'était pas si respectueuse dans l'abondance de ses délices spirituelles, et les bienfaits de Dieu la rendaient un peu plus hardie et moins réservée en ses conversations avec lui. C'est ce qui arriva à Moïse lorsqu'il entendit la voix de Dieu qui lui parlait. Charmé de cette bonté, et ne prenant pas garde à ce qu'il allait faire, il voulut approcher ; mais Dieu l'arrêta : *Ne venez pas plus près de moi*, dit-il, *et déchaussez-vous* (*Exod.*, III, 5).

On infère de là avec combien de vénération et de discrétion, et avec quel dégagement d'affection et de désir il faut agir avec Dieu. Aussi Moïse fut depuis ce temps-là si circonspect et si retenu, que non-seulement il n'eut plus la présomption d'approcher de Dieu, mais qu'il n'osa pas même le regarder fixement ni le considérer. Car, s'étant dépouillé de la satisfaction que la présence divine versait en son cœur, il reconnut distinctement devant Dieu sa misère ; et ces bas sentiments de lui-même le disposèrent à entendre la parole du Seigneur. Dieu se servit aussi, pour se communiquer familièrement au saint homme Job, non pas des plaisirs intérieurs et de la gloire dont il jouissait, mais des souffrances les plus affreuses qu'on se puisse imaginer (*Job.*, II, 5). Il le réduisit à coucher sur un fumier, couvert d'ulcères, rongé de vers, abandonné de ses proches, persécuté de ses amis, pénétré de douleurs et d'amertumes. Mais ce fut en cet état pitoyable que le Tout-Puissant jugea qu'il lui était glorieux d'enrichir ce pauvre des trésors les plus sublimes de sa sagesse, et de combler ce malheureux de ses délices les plus douces et les plus consolantes.

Il est à propos, puisque l'occasion s'en présente, de remarquer ci l'utilité qu'on tire de la nuit, c'est-à-dire de la mortification des sens. Elle fait l'accomplissement de ce mot d'Isaïe : *Votre lumière naîtra dans les ténèbres* (*Isa.*, LVIII, 10). Car Dieu éclaire l'âme et lui donne la connaissance, non-seulement de sa petitesse et du mépris qu'elle mérite, mais encore de la grandeur et de l'excellence de son Créateur. Il délivre l'esprit des désirs des goûts sensibles et des appuis du sens, lesquels l'obscurcissaient dans les choses spirituelles ; et il lui donne la pureté et la clarté nécessaires pour comprendre la vérité. Il use aussi des peines et des aridités du sens pour augmenter les lumières de l'âme, selon le langage d'un prophète : *La tribulation donnera de l'intelligence* (*Isa.*, XXVIII, 19) ; c'est-à-dire qu'elle fera entendre comment Dieu dégage l'âme de ses obstacles par le moyen de cette nuit obscure et de cette contemplation sèche et sans tendresse, et comment il l'élève surnaturellement à la participation de sa sagesse divine. C'est ce que le même Isaïe explique admirablement : *A qui donnera-t-il la science et l'intelligence*, dit-il, *sinon à ceux qui ont été sevrés et arrachés à la mamelle* (*Isa.*, XXVIII, 9) ? D'où l'on conclut que le premier lait des douceurs qui viennent du discours et des autres opérations des puissances de l'âme n'est pas une si bonne disposition pour recevoir ces divines influences, que le détachement de ces mamelles et la privation de ces délices intérieures.

C'est pourquoi il est utile et nécessaire à l'âme de n'avoir nulle affection pour la créature, de ne s'y point appuyer et de s'élever bien au-dessus pour parler avec respect à ce Souverain de l'univers, et pour l'écouter avec toute la soumission possible, comme le prophète Habacuc l'assure de lui-même : *Je me tiendrai debout sur ma forteresse*, dit-il, *et j'y affermirai mes pas, et je considérerai pour connaître ce qu'on me dira* (*Habac.*, II, 1). C'est-à-dire, je détacherai mes sens des goûts intérieurs ; je n'emploierai pas mon imagination ni mon esprit à faire des raisonnements, afin que ce dénûment me rende capable d'entendre ce que Dieu me dira. Il est donc constant que la connaissance de soi-même et celle de Dieu coulent de cette nuit obscure comme de leur source. Ainsi saint Augustin faisait cette demande à Dieu : *Que je vous connaisse, Seigneur ,et que je méconnaisse.* Car, suivant la maxime des philosophes, on connaît très-bien les extrémités l'une par l'autre.

Mais, afin de montrer plus évidemment la force du délaissement sensible qui arrive en cette nuit, pour obtenir de lui les lumières dont l'âme est alors éclairée, je produirai cet endroit de David où il explique l'efficacité de cette nuit pour nous conduire à la sublime connaissance de Dieu : *J'ai paru devant vous*, dit-il, *dans une terre déserte, sans chemin et sans eau, comme dans le sanctuaire, afin que je visse votre puissance et votre gloire* (*Psal.*, LXII, 3). C'est une chose sans doute admirable que le prophète ne dise pas que les douceurs spirituelles lui ont été des dispositions propres à connaître les grandeurs de Dieu ; mais que c'a été l'aridité de la partie animale, lorsqu'elle a été abandonnée et privée de tout plaisir, comme le signifie cette terre déserte et sèche. Il n'assure pas non plus que les saintes pensées et les sacrés entretiens qu'il avait eus si souvent avec Dieu lui eussent ouvert le chemin à la connaissance de la puissance divine, mais qu'il y était parvenu par l'impossibilité d'arrêter son esprit en Dieu, et d'avancer en la voie spirituelle par les raisonnements, par les considérations et par les opérations de l'imagination ; ce qui est exprimé par cette terre sans chemin. De sorte que la nuit obscure du sens est le moyen de connaître Dieu et de se connaître soi-même. Néanmoins cette connaissance n'est pas si pleine ni si parfaite que celle qu'on acquiert par la nuit obscure de l'esprit ; car elle n'est, en quelque manière, que le commencement et comme l'entrée de cette seconde connaissance.

Outre ces avantages, la nuit ou les sécheresses du sens procurent à l'âme l'humilité d'esprit, qui est une vertu contraire à l'orgueil spirituel, et qui la purifie des imperfections dont elle se souillait rendant sa prospérité et ses premières consolations. Car sa propre expérience la contraignant d'avouer qu'elle est stérile en bien et très-misérable, elle n'a pas la moindre pensée de croire qu'elle vit mieux que les autres, et qu'elle est plus avancée qu'eux dans les voies intérieures, comme elle se l'imaginait auparavant : au contraire, elle est persuadée qu'ils sont plus éclairés qu'elle et plus parfaits.

Et c'est de là que son amour pour le prochain prend naissance. Elle en conçoit beaucoup d'estime, et ne juge plus, comme elle faisait qu'elle est fervente et qu'il est lâche dans le service de Dieu. Elle n'a devant les yeux que sa pauvreté spirituelle et sa faiblesse, et elle ne s'arrête plus à considérer d'autre personne qu'elle-même. Le roi-prophète fait un beau portrait de cette humilité en ces termes : *J'ai gardé un profond silence, et je me suis humilié ; je n'ai rien dit pour ma défense, et ma douleur s'est renouvelée* (*Psal.*, XXXVIII, 3). Il parle de la sorte, parce que tous les biens que son âme possédait lui paraissaient tellement anéantis, que non-seulement il n'avait plus rien à dire, mais la douleur aussi que la connaissance de ses propres misères lui causait l'empêchait de parler des richesses spirituelles des autres.

Ceux encore que Dieu tient en cet état deviennent parfaitement obéissants et soumis en tout ce qui regarde la conduite de l'intérieur. Convaincus de leur bassesse et de leur incapacité, ils écoutent tous ceux qui les enseignent, et ils désirent d'être instruits de ce qu'ils doivent faire par quiconque veut avoir cette charité pour eux. Tout cet orgueil aussi et toute cette présomption qui leur enflaient le cœur lorsqu'ils étaient inondés des torrents de la grâce sensible s'évanouissent : ils se défont enfin en ce temps-là de tous les défauts dont nous avons fait le détail en parlant de l'orgueil spirituel.

CHAPITRE 13

Des autres biens dont la nuit du sens est la cause.

Cette nuit corrige l'âme de ses imperfections à l'égard de l'avarice spirituelle ; car elle étouffe l'avidité que l'âme sent des biens intérieurs et des consolations qui la portent tantôt à un exercice, tantôt à un autre, sans se contenter d'aucun. La raison en est que, n'y trouvant, au lieu de douceur et de paix, qu'amertume et que trouble, elle s'y applique si légèrement, qu'elle a sujet de craindre que l'usage peu fréquent qu'elle en fait ne lui attire quelque dommage, comme l'excès des mêmes exercices lui causait quelque perte. Il est néanmoins véritable que Dieu donne ordinairement à ceux qu'il appelle à cette nuit, une humilité solide et une grande promptitude à pratiquer le bien, quoiqu'il n'y mêle aucune douceur, afin qu'ils exécutent, dans la seule vue de Dieu, ce qu'on leur ordonne. De cette manière ils renoncent à la propriété de plusieurs choses où ils ne prennent plus de satisfaction.

Quant à la luxure spirituelle, il est clair aussi que l'amertume qui afflige le sens dans les fonctions de l'esprit, délivre l'âme de toutes les impuretés que ce vice traîne après soi, et qui étaient les fruits amers de la douceur que les exercices spirituels répandaient sur les passions.

Pour ce qui concerne la gourmandise spirituelle, cette nuit obscure préserve l'âme des défauts qui rejaillissent de là sur elle. Mais, comme ils sont innombrables, je me contenterai de dire que l'âme, quand elle surmonte cette gourmandise par la mortification du sens, se garantit de tous les maux funestes que nous avons rapportés en traitant de ce vice. En effet, Dieu réprime alors sa concupiscence et son appétit, et les empêche de se repaître d'aucune douceur sensible, de quelque source qu'elle coule : tellement que les passions de l'âme diminuent et semblent perdre leurs forces. Ensuite l'âme entre et demeure dans une profonde paix, et dans des consolations toutes divines.

Il vient encore de là un second bien : c'est que l'âme se souvient presque continuellement de Dieu, et craint beaucoup de reculer dans les voies spirituelles : bien très-signalé, et l'un des plus grands que la mortification du sens produise. Car l'âme est purifiée des imperfections qu'elle commettait aveuglée par ses passions.

Un troisième fruit de cette nuit du sens est que l'âme s'exerce en même temps dans toutes les vertus. Telles sont la patience, qui éclate dans les sécheresses spirituelles lorsqu'on y persévère : l'amour de Dieu, parce que sa seule considération, et non le plaisir, excite à faire de bonnes œuvres ; la force, puisque l'âme, remplie d'amertume et accablée de difficultés, se fortifie davantage en ses saintes opérations ; enfin toutes les vertus, les théologales,

les cardinales et les morales, règnent pendant ces aridités. Le roi-prophète a renfermé tous ces biens en ces paroles : *Mon âme n'a pas voulu recevoir la consolation que les plaisirs sensuels lui présentaient. Je me suis souvenu de Dieu, et ce souvenir m'a comblé de joie ; je me suis exerce dans l'oraison et dans les vertus, et mon esprit a été enflammé, jusqu'à la défaillance, du désir de posséder Dieu ; et de cette sorte j'ai purifié mon cœur de toutes les affections terrestres* (*Psal.*, LXXVI, 4).

Les mêmes peines qui regardent la mortification des sens et des passions délivrent aussi l'âme de tout ce qu'il y a d'imparfait dans l'envie, dans la colère et dans la paresse spirituelle, et lui procurent les vertus qui sont opposées à ses vices. En effet, elle est alors tellement humiliée et adoucie, qu'elle exerce une aimable douceur envers Dieu, envers le prochain, et envers elle-même. Car elle ne se fâche plus ni contre elle-même à cause de ses propres fautes, ni contre le prochain à cause de ses défauts ; ni elle ne fait plus paraître de chagrin à l'égard de Dieu, comme si elle n'en était pas contente à cause de la soustraction de ses grâces sensibles ; ni elle ne perd plus le respect, en se plaignant de ce qu'il ne lui accorde pas assez promptement la perfection qu'elle souhaite.

Elle étouffe encore son envie dans les flammes de sa charité pour les autres. Car elle les aime comme vertueux, ne se regardant plus elle-même que comme vicieuse. Si bien qu'elle n'est plus touchée que d'une sainte émulation, d'un ardent désir de les imiter : ce qui est le propre d'une excellente vertu.

Il est vrai qu'elle est frappée de quelque ennui et de quelque abattement, puisque Dieu la plonge dans l'amertume de la mortification des sens, et lui ôte le goût des choses sensibles ; mais il n'y a point en cela d'imperfection, comme il y en avait lorsque ses langueurs ne procédaient que des plaisirs spirituels dont elle se repaissait dérèglement, ou qu'elle recherchait avec avidité lorsqu'elle en était dénuée. Outre ces avantages, l'âme puise une infinité d'autres biens dans cette contemplation sèche et imperceptible. Dieu lui communique en ce temps-là, sans qu'elle y songe, de grandes douceurs d'esprit, un amour très-pur, des connaissances spirituelles fort subtiles, dont les unes sont plus utiles, les autres moins précieuses que toutes ses premières faveurs. Elle n'en est pas moins persuadée, parce que cette infusion se fait si délicatement que les sens ne peuvent s'en apercevoir.

Elle recouvre la liberté d'esprit, qui la met en possession des douze fruits que l'Apôtre attribue à l'Esprit divin ; elle se préserve de la violence de ses ennemis, le monde, la chair et le démon ; car le goût des choses sensibles étant détruit, ils n'ont ni armes ni forces pour l'attaquer.

Puis donc que l'âme reconnaît qu'en passant par l'obscure nuit du sens, elle a été favorisée de bienfaits si nombreux et si considérables, elle a raison de dire :

O l'heureuse fortune !
Je suis sortie sans être aperçue.

C'est à dire : Je me suis délivrée des chaînes de mes passions, et je suis sortie de l'esclavage où elles me tenaient : mes ennemis ne m'ont pas vue et ne m'ont pas empêchée de m'affranchir de leur tyrannie.

Ainsi le soin de se mortifier continuellement calme les quatre passions principales de l'âme : la joie, la douleur, l'espérance, la crainte. Les aridités répriment les passions, et font cesser les opérations des sens et des puissances inférieures : toute la partie animale demeure en paix. Tellement que les ennemis de l'âme ne peuvent plus lui ravir sa liberté d'esprit, ni altérer son repos et la tranquillité de sa maison ou de son intérieur. C'est ce qu'elle déclare dans le vers suivant.

CHAPITRE 14

On donne l'éclaircissement du dernier vers du premier cantique.

Lorsque ma maison était tranquille.

Cette maison de la sensualité étant ainsi tranquille, l'âme en est sortie pour entrer dans le chemin de l'esprit, qui est le chemin de ceux qui profitent en la vie spirituelle, et qu'on nomme la voie illuminative ou la voie de la contemplation infuse, par laquelle Dieu se donne à l'âme, et l'entretient sans aucun discours et sans aucune coopération active de sa part.

Voila donc quelle est la nuit ou la purgation des sens. Elle est toujours mêlée de peines et de tentations violentes ; elle dure longtemps, quelquefois plus dans les uns, quelquefois moins dans les autres. Ceux qu'elle purifie n'en sortent communément que pour entrer dans la nuit de l'esprit, laquelle est plus difficile et plus fâcheuse, et ils y marchent pour arriver à l'union de l'amour avec Dieu ; mais il y en a peu d'ordinaire qui y parviennent.

Car, pendant cette affreuse nuit, l'ange de Satan, qui est l'esprit de fornication, en attaque quelques-uns, et fatigue leurs sens de tentations abominables et très-fortes ; il remplit leur esprit de pensées très-sales ; il infecte leur imagination de représentations très-vives ; il leur fait enfin souffrir des tourments plus cruels que la mort même.

Quelquefois l'esprit blasphémateur se joint à l'esprit impur. Il suggère des blasphèmes exécrables, et les imprime si vivement dans l'imagination, qu'ils passent souvent jusqu'à la langue, et qu'on semble les prononcer. Ce qui donne une peine inexplicable.

D'autres fois ils sont battus de l'esprit de vertige, qui leur renverse tellement le sens, qu'il les remplit de mille scrupules et de mille doutes embarrassants ; de sorte qu'ils ne peuvent ni se satisfaire eux-mêmes, ni se soumettre au jugement des autres. Cet esprit a quelque chose de plus horrible et de plus affreux que tout ce qui se passe en cette nuit spirituelle.

Dieu a coutume d'exciter ces orages dans l'intérieur de ceux qui sont dans la nuit ou la purgation du sens, et qu'il a dessein d'engager ensuite dans la nuit ou la purgation de l'esprit, afin que ces afflictions disposent leurs puissances et leur âme à l'union de la sagesse divine, dont il les éclaire ordinairement en ce temps-là. Si l'âme n'est tentée, exercée et éprouvée par les souffrances, elle ne peut parvenir à cette sagesse. *Car enfin*, dit l'Ecclésiastique, *que sait celui qui n'a pas été tenté ; et combien peu de choses celui-là connaît-il qui n'a point d'expérience* (*Eccl.*, XXXIV, 9, 10.) ? Le prophète Jérémie souscrit à cette vérité . *Vous m'avez châtié, Seigneur*, dit-il, *et j'ai été instruit* (*Jerem.*, XXXI, 18). Les peines intérieures, que nous avons décrites jusqu'ici, sont le véritable moyen que ce châtiment nous fournit pour acquérir la sagesse ; car elles purifient les sens de tous les plaisirs auxquels ils étaient attachés à cause de leur fragilité naturelle, et l'âme descend par ces degrés dans une très-profonde humilité, qui la prépare à l'élévation que Dieu lui a destinée.

Quant à la longueur du temps, on ne peut dire sûrement combien cette mortification dure, parce que tous ne sont pas traités de la même manière, et ne souffrent pas les mêmes épreuves. La seule volonté de Dieu leur donne leur mesure différemment, selon que chacun a plus ou moins d'imperfections à détruire, ou suivant le degré d'union auquel Dieu veut élever l'âme : ainsi il la tient plus ou moins de temps dans les exercices de l'humilité.

Il purifie les courageux plus promptement et avec plus de violence, et les faibles avec plus de douceur et plus lentement ; il leur accorde même quelque satisfaction de fois à autre, de peur qu'ils ne perdent cœur et qu'ils ne reculent en arrière : ce qui les retarde beaucoup dans le chemin de la perfection. Quelques-uns même n'arrivent jamais à ce terme. De sorte que les uns ne sont jamais entièrement dans cette nuit, et les autres n'en sont jamais tout à fait dehors. Car, quoiqu'ils ne fassent pas de plus grands progrès en la vie spirituelle, néanmoins Dieu leur fait expérimenter quelque temps les sécheresses et les tentations, afin de les conserver dans la connaissance et dans les bas sentiments d'eux-mêmes ; et il y mêle souvent des consolations sensibles, de peur qu'accablés du fardeau de leurs peines, ils ne recherchent les plaisirs du monde.

Quelquefois il se cache à ceux qui sont encore trop faibles en la vertu, afin de leur donner sujet de s'exercer plus fortement en son amour Car, s'ils ne souffraient pas ces sortes de rebuts, ils n'apprendraient pas à s'approcher plus près de lui par la force de l'amour. Mais, quoique Dieu conduise bientôt à l'union de l'amour les âmes qui doivent passer à cet état si heureux et si relevé, il les laisse communément longtemps dans ces aridités, comme l'expérience le montre. Mais c'est assez parler de cette première nuit, il faut traiter maintenant de la seconde.

LIVRE SECOND

OÙ L'ON TRAITE DE LA PURGATION LA PLUS INTIME, QUI EST LA SECONDE NUIT DE L'ESPRIT.

CHAPITRE I

On parle de la seconde nuit, qui est la nuit de l'esprit, et on remarque le temps où elle commence.

Dieu ne met pas l'âme qu'il veut élever à une perfection plus éminente, dans l'union de l'amour divin, aussitôt qu'elle est sortie des sécheresses et des afflictions de la nuit des sens : au contraire, après qu'elle a passé par les exercices des commençants, elle demeure plusieurs années dans l'état de ceux qui avancent. Alors, semblable à une personne qui s'est échappée d'une obscure prison, elle s'attache aux choses divines avec plus d'étendue de cœur et avec plus de satisfaction qu'auparavant, et elle goûte des délices plus grandes et plus intérieures qu'elle n'en sentait au commencement, avant qu'elle entrât dans la première nuit. Son imagination et ses puissances ne sont plus assujetties aux représentations, aux pensées, aux raisonnements spirituels, car elle se trouve incontinent plongée, sans ces opérations, dans une contemplation pleine d'amour et de douceur. Elle n'est pas néanmoins encore dégagée de toutes ses imperfections ; ce qui vient de ce que l'esprit n'est pas encore parfaitement purifié, parce que la liaison naturelle et nécessaire qui est entre la partie inférieure et la partie supérieure, est cause que l'âme, nonobstant la purgation des sens la plus rigide, succombe à beaucoup de faiblesses, jusqu'à ce qu'elle ait passé par la nuit ou purgation de l'esprit. C'est pourquoi il faut absolument qu'elle endure des sécheresses, des obscurités, des afflictions plus grandes que les premières ; toutes ces peines sont les présages et les avant-coureurs de la nuit de l'esprit qui doit bientôt suivre. Elles ne durent pas néanmoins si longtemps que la nuit qu'on attend ; car quelques jours après que cette nuit ou cette tempête a commencé et est finie, l'âme recouvre sa tranquillité : et c'est ainsi que Dieu purifie les personnes qui ne doivent pas monter a un si haut degré d'amour. Il les expose de telle sorte à cette nuit et à cette purgation, qu'il fait tantôt lever, tantôt coucher le soleil sur elles ; je veux dire qu'il les comble quelquefois de ses lumières, et quelquefois il les en prive ; et alors cette parole de David est accomplie : *Le Seigneur envoie le cristal de sa glace comme de petites bouchées* (*Psal.* CXLVII, 6) ; c'est-à-dire qu'il nourrit les âmes d'une contemplation obscure et insensible ; mais cet aliment spirituel n'est pas si fort, et ne se fait pas si bien sentir que les ténèbres horribles de la contemplation où Dieu engage l'âme qu'il veut favoriser de l'union divine.

Cette douceur intérieure se répand dans ces âmes et sur leurs sens, avec plus d'abondance et de sentiment qu'auparavant ; car le sens, étant plus épuré de la matière, est plus capable de goûter à sa façon les plaisirs de l'esprit : et, parce que cette partie sensitive est faible, et ne peut comprendre ni soutenir les choses grandes et difficiles qui appartiennent à l'esprit, ceux qui profitent en la vie spirituelle tombent en plusieurs infirmités, en plusieurs pertes, et en de grandes peines d'esprit, qui naissent de la communication des choses spirituelles à la partie sensitive : *Car le corps qui se corrompt,* dit le Sage, *appesantit l'âme* (*Sap.*, IX, 15.). De là vient aussi que les communications de ces biens ne peuvent être ni fortes, ni assez spirituelles pour conduire à la parfaite union de Dieu, parce qu'il s'y glisse toujours beaucoup de sensualité et de corruption.

C'est de là que prennent leur origine les extases et les violentes secousses du corps, jusqu'à disloquer en quelque manière les os, parce que ces communications ne sont pas purement spirituelles, c'est-à-dire ne se font pas à l'esprit seul, telles qu'elles se trouvent dans les parfaits qui ont été purifiés dans la seconde nuit, et qui ne sont plus sujets à ces ravissements ni à ces agitations de corps, parce qu'ils jouissent d'une pleine liberté d'esprit, sans souffrir ni l'obscurité ni l'abstraction du sens. Afin qu'on voie clairement combien il est nécessaire que ceux qui profitent entrent dans cette nuit de l'esprit, nous apporterons ici quelques-uns des défauts et des dommages auxquels ils sont infailliblement exposés.

CHAPITRE 2

De quelques imperfections de ceux qui avancent.

Ceux qui profitent en la vie intérieure ont deux sortes d'imperfections, les unes habituelles, les autres actuelles ; les habituelles sont les affections et les habitudes imparfaites qui sont demeurées, comme des racines dans l'esprit, et que la purgation du sens n'a pu arracher. Il y a la même différence entre les imperfections actuelles et les habituelles, que celle qui se trouve entre la facilité de couper une petite branche d'arbre et d'ôter une tache nouvelle, et la difficulté d'arracher une grosse racine et d'effacer une vieille tache. Car la purgation du sens n'est que le commencement et la porte, pour parler ainsi, de la contemplation qui tombe dans l'esprit ; et elle sert plus à soumettre le sens à l'esprit, qu'à unir l'esprit à Dieu. Cependant les souillures du vieil homme restent dans l'esprit, quoiqu'il ne les connaisse pas et qu'il ait un sentiment contraire : de sorte que, si cette nuit ne les lave des eaux d'une violente mortification, il n'arrivera jamais à la pureté de l'union divine.

Ces hommes-là souffrent aussi la stupidité naturelle de l'esprit dont le péché originel est la cause ; ils sont encore sujets aux dissipations et aux épanchements. Il faut que tout cela soit purifié dans les ténèbres et dans les croix de cette nuit. Tous les avançants, qui ne sont pas encore sortis des bornes de leur état, sont engagés dans ces imperfections habituelles, qui ne peuvent subsister avec l'état de l'union divine.

Pour ce qui regarde les imperfections actuelles, tous n'en sont pas atteints également. Il y eu a qui possèdent les biens spirituels si superficiellement, et qui sont exposés à la corruption des sens avec tant de violence, qu'ils tombent dans la plupart des inconvénients et des dangers dont nous avons parlé au commencement. En effet, ils font toujours plusieurs opérations des sens et de l'esprit où il se mêle plusieurs visions imaginaires ; ce qui arrive communément à ceux qui sont en cet état. D'ailleurs, le démon se sert souvent en ce temps-là de ces représentations et de notre imagination, pour tendre des pièges à l'âme et pour la séduire. Car il lui est facile, en lui imprimant des sentiments pleins de charmes, de la frapper de stupidité et de la tromper, lorsqu'elle n'a pas soin de se résigner à la volonté de Dieu et de résister à toutes ces visions et à toutes les douceurs qui flattent les sens et le cœur. Ce malin esprit peut encore persuader à ces gens-là que ces images sensibles, quoique très-vaines, et ces prophéties, quoique très-fausses, sont solides et véritables. Il leur donne assez de présomption pour croire que Dieu et les saints leur parlent. Il est néanmoins très-certain qu'ils ne suivent alors que les égarements de leur imagination, et qu'ils n'ajoutent foi qu'aux chimères de leur cerveau. Ce prince des ténèbres a coutume aussi de les enfler d'orgueil, au point de se faire voir à tout le monde dans les actions extérieures qui ont l'air de sainteté, telles que sont les extases et les œuvres d'éclat, qui nourrissent leur vanité et leur arrogance. Ils deviennent hardis et peu respectueux envers Dieu, parce qu'ils perdent cette crainte salutaire qui conserve toutes les vertus. Quelques-uns même s'engagent si avant dans ces embûches du démon, et s'endurcissent de telle sorte en ces illusions, que leur retour à la vertu toute pure et au véritable esprit de Dieu n'est ni constant ni sincère. La source de leur malheur n'est autre que leur trop grande avidité de ces goûts spirituels, leur trop violent attachement à ces représentations extraordinaires, et l'assurance avec laquelle ils s'y occupèrent lorsqu'ils commencèrent à s'avancer dans les voies spirituelles.

J'aurais beaucoup d'autres choses à dire des défauts de ceux qui profitent dans la vie intérieure, mais je serais trop long. J'ajoute seulement que c'est une nécessité inévitable de s'en purifier dans cette seconde nuit, avant que d'acquérir l'union divine ; et qu'ensuite l'âme marchera par une foi obscure et toute pure, comme par le chemin propre à la conduire à ce terme, selon l'expression du prophète Osée : *Je vous épouserai en la foi* (Ose., II, 20) ; c'est-à-dire : Je vous unirai à moi.

CHAPITRE 3

Remarques nécessaires pour entendre les choses qui suivent.

Pour développer nettement cette matière, il faut remarquer l'ordre que tiennent ceux qui sont dans leur avancement spirituel. D'abord ils reçoivent des communications fort agréables ; puis la partie sensible de l'homme, attirée par la douceur qui rejaillit sur elle, s'accommode à l'esprit, et conspire avec lui pour atteindre au même but. Cependant ces deux parties, la sensitive et la spirituelle, se nourrissent du même aliment, chacune selon sa nature. Elles se disposent ainsi d'un commun accord à supporter la rigoureuse purgation de l'esprit, qu'elles doivent bientôt sentir pour être parfaitement délivrées de leurs imperfections. Car l'une n'est jamais purifiée exactement sans l'autre ; et l'entière purgation des sens ne s'accomplit que quand celle de l'esprit commence. Si bien que la nuit des sens se doit nommer plutôt la réformation et la modération des passions que la délivrance de leurs imperfections. La raison en est que les désordres de la partie animale ont leur force et leur racine dans l'esprit. Ainsi, tandis que les révoltes et les dérèglement des mauvaises habitudes ne seront pas purifiées, les deux parties de l'homme ne peuvent être affranchies de leurs défauts. Mais elles se purifient toutes deux dans cette seconde nuit, parce que c'est le but et la fin où cette même nuit nous mène. Aussi est-il expédient à la partie animale de passer la première nuit et d'acquérir la tranquillité qu'elle nous apporte, afin qu'unissant ses forces avec celles de la partie supérieure, elles parviennent toutes deux à une purgation plus excellente, et qu'elles supportent avec plus de fermeté les peines de la nuit de l'esprit : fermeté absolument nécessaire pour souffrir un état si dur et si incommode. Car si la faiblesse de la partie inférieure n'avait été corrigée par la force que Dieu lui a donnée dans les douces communications qu'il lui a faites de lui-même, la nature n'aurait pu avoir ni le courage, ni les dispositions suffisantes pour soutenir la véhémence de cette purgation.

C'est pourquoi la manière d'opérer avec Dieu que ceux qui avancent tiennent, est très-basse et très-vile, parce qu'ils n'ont pas encore l'esprit épuré ni éclairé, et que, pour cette cause, ils pensent et parlent de Dieu comme des enfants, semblables à l'Apôtre, qui dit de lui-même : *Lorsque j'étais enfant, je parlais en enfant ; j'avais des sentiments d'enfant, des pensées d'enfant* (*I Cor.*, XIII, 11). Ce qui vient de ce qu'ils ne sont pas encore arrivés à l'union de Dieu, par le moyen de laquelle étant devenus grands, ils font des œuvres spirituelles très-relevées, parce qu'elles viennent d'une puissance plutôt divine qu'humaine (*Ephes.*, IV, 23, 24.). Et d'autant que Dieu veut les dépouiller du vieil homme et les revêtir du nouveau, qui est créé selon Dieu, et faire en sorte que l'état nouveau de leur esprit produise en eux une transformation, comme parle saint Paul (*Rom.*, XII, 2.), il prive de toutes choses leurs puissances, leurs passions, leurs sens, tant spirituels que corporels, tant intérieurs qu'extérieurs, et, pour cet effet, il laisse l'entendement dans les ténèbres, la volonté dans les sécheresses, la mémoire dans la privation de toute espèce et de tout souvenir. Il laisse aussi l'âme dans l'affliction, dans l'amertume, dans l'abattement du cœur, afin que ce dénûment soit un des principes qui sont nécessaires à l'esprit pour l'introduire dans l'union de l'amour divin. Dieu opère toutes ces choses dans l'âme par une contemplation également pure et secrète, comme l'âme même le dit dans son premier cantique. Mais, quoique ce cantique ait été expliqué au commencement de la nuit des sens, néanmoins l'âme l'entend aussi de la nuit de l'esprit parce que cette nuit est la principale purgation de l'âme. C'est pourquoi nous en parlerons encore suivant cette seconde explication.

CHAPITRE 4

On explique une seconde fois le premier cantique.

> **En una noche escura,**
> **Con ansias en amores in-**
>   **flamada,**
> **O dichosa ventura !**
> **Sali sin ser notada,**
> **Estando ya mi casa sossegada.**
>
> *Pendant une nuit obscure,*
> *Enflammée d'un amour*
>   *inquiet,*
> *O l'heureuse fortune !*
> *Je suis sortie sans être*
>   *aperçue,*
> *Lorsque ma maison était*
>   *tranquille.*

En appliquant maintenant le sens de ce cantique à ces termes, purgation, contemplation, nudité ou pauvreté d'esprit, car ils signifient presque la même chose en cet endroit, nous pouvons l'exposer comme si l'âme disait : Je suis sortie sans que la sensualité et le démon m'aient fait obstacle ; je suis sortie, dis-je, de moi-même, et de ma basse, faible et pauvre manière de connaître, d'aimer et de goûter Dieu ; et j'en suis sortie sans être appuyée sur mes opérations ; j'en suis sortie pendant que mon entendement était environné de ténèbres, pendant que ma volonté était accablée de tristesse, pendant que ma mémoire était pénétrée d'affliction ; j'en suis sortie en m'abandonnant par la foi pure à l'obscurité, qui n'est autre chose que la nuit de mon esprit et de mes puissances naturelles.

Cette sortie m'a comblée de bonheur ; car j'ai été aussitôt élevée à des opérations toutes divines et à des conversations très-familières avec Dieu ; c'est-à-dire, mon entendement a passé d'un état humain à un état divin ; car, en m'unissant à Dieu par cette purgation, je n'ai plus une connaissance faible et bornée comme elle était, mais je connais par la sagesse divine à laquelle je me suis unie.

Ma volonté est aussi sortie d'elle-même et devenue en quelque façon divine ; car, étant unie à l'amour divin, elle aime, non plus par ses premières forces, mais par les forces de l'Esprit divin. Ainsi elle ne fait plus d'une manière humaine des actes d'amour pour son Créateur.

Ma mémoire est remplie des images de la gloire céleste et éternelle. Toutes mes puissances enfin, et toutes mes affections sont renouvelées par la nuit de l'esprit et par le dépouillement du vieil homme ; de sorte qu'elles semblent changer de nature et ne plus goûter que des délices spirituelles et divines.

CHAPITRE 5

On fait voir, en donnant la connaissance du premier vers, comment la contemplation obscure est la nuit et le tourment de l'âme.

Pendant une nuit obscure.

Cette nuit obscure est une influence de Dieu sur l'âme, qui la délivre de ses ignorances et de ses imperfections habituelles, naturelles et spirituelles. Les contemplatifs l'appellent la contemplation infuse, ou la théologie mystique, et Dieu y enseigne secrètement l'âme et la perfectionne en son amour. Mais l'âme ne fait alors, de sa part, que s'appliquer amoureusement à Dieu, pour l'écouter et pour recevoir ses lumières, sans comprendre toutefois comment se passe cette contemplation ; parce que c'est l'amoureuse sagesse de Dieu qui produit ces effets particuliers dans l'âme, en la disposant à l'union divine par la pureté et par les lumières qu'elle lui donne. De là vient que la même sagesse, qui purifie les esprits bienheureux et qui les illumine, purifie aussi l'âme et l'éclaire en cet état.

Si quelqu'un demande pourquoi l'âme donne le nom de nuit obscure à la lumière divine qui dissipe ses ignorances, je réponds que cette divine sagesse est non-seulement la nuit de l'âme, mais encore son supplice, pour deux raisons : la première est que la sublimité de la sagesse divine surpasse de telle sorte la capacité de l'âme, que ce n'est que nuit et que ténèbres pour elle ; la seconde, la bassesse et l'impureté de l'âme sont telles, que cette sagesse la remplit de peines et d'obscurités.

Pour entendre la première raison, il faut supposer la doctrine du philosophe, qui enseigne que, plus les choses divines sont claires et manifestes d'elles-mêmes, plus elles sont naturellement obscures et cachées à l'âme ; comme la lumière, plus elle est vive et brillante, plus elle éblouit et aveugle le hibou ; et comme plus quelqu'un regarde fixement le soleil, plus il se couvre les yeux de ténèbres, à cause de l'excès des rayons qui les frappent, et de la faiblesse de sa vue : ainsi lorsque la lumière divine de cette contemplation entre dans l'âme qui n'est pas encore bien éclairée, elle répand sur elle de ténèbres spirituelles qui la privent de son intelligence naturelle.

Pour cette raison, saint Denis et les autres théologiens mystiques appellent la contemplation infuse des rayons de ténèbres à l'égard de l'âme qui n'est pas purifiée et illuminée, parce que l'excessive lumière de cette contemplation surpasse et éteint les forces naturelles de l'entendement. C'est pourquoi David dit que *Dieu est environné de nuages et d'obscurité* (*Psal.*, XCVI, 2). Ce n'est pas, si on examine la chose en elle-même, qu'on la trouve telle que les paroles la représentent ; mais elle paraît telle au regard de nos faibles esprits, qui ne peuvent s'élever à une lumière si sublime, et qui sont éblouis et obscurcis de son éclat. Le même roi ajoute que *les nuées, frappées de la clarté brillante de Dieu, se sont dissipées en sa présence* (*Psal.*, XVII ; 13). Ainsi la splendeur de Dieu répand des ténèbres entre lui et nos esprits, qui sont aveuglés par cette grande lumière ; voilà pourquoi Dieu, dardant les rayons de sa sagesse sur l'âme avant qu'elle soit transformée en lui, la jette dans une profonde obscurité.

Il paraît encore que cette obscure contemplation est fâcheuse à l'âme dans ses commencements. Car, si cette contemplation divine apporte avec elle une infinité de grands biens, l'âme qui les reçoit, n'étant pas encore purifiée, est remplie d'une infinité de misères. Cela fait qu'elle endure nécessairement de violentes peines, parce qu'elle est le sujet commun des biens de la contemplation, et des maux de ses propres imperfections, dont la contemplation travaille à la délivrer, et qui sont contraires les unes aux autres, et ne peuvent subsister ensemble. Il est aisé de le prouver par le dénombrement que nous allons en faire.

En effet, quant au premier point, qui consiste en ce que cette contemplation, à cause de son éminente lumière et de son excellence, cause à l'âme de grandes peines, c'est une chose certaine et manifeste ; car cette lumière est extrêmement vive et pure. Au contraire, l'âme sur qui elle tombe avec véhémence a beaucoup d'obscurité et d'impureté. Ainsi, lorsqu'elle la reçoit, elle souffre une violente douleur ; de même que des yeux, chargés d'humeurs malignes, sentent une acrimonie douloureuse lorsqu'une lumière éclatante les frappe très-vivement et tout à coup. Cette peine est très-grande lorsque l'âme est éclairée et fortement pénétrée de cette lumière divine. Car elle se voit si impure et si misérable, qu'elle croit que Dieu lui est contraire, et qu'elle-même lui est opposée, ce qui l'afflige au point de s'imaginer qu'il l'a tout à fait abandonnée. Cette affliction est semblable à celle que Job décrit dans la nuit obscure de son esprit. *Pourquoi*, dit-il à Dieu, *m'avez-vous fait contraire à vous-même, en sorte que je suis devenu fâcheux à moi-même* (*Job.*, VII, 20) ? Car l'âme voit si clairement, par cette lumière, son impureté, qu'elle s'estime très-indigne de Dieu et des créatures. Et ce qui la tourmente davantage, c'est qu'elle appréhende de ne pouvoir jamais mériter ses bonnes grâces, et d'avoir déjà perdu tous ses biens spirituels. La cause et la source de ces sentiments, c'est qu'elle a abîmé son esprit dans la connaissance d'elle-même et de ses propres misères. Car cette divine lumière, quoique obscure, les lui découvre toutes distinctement, et lui persuade que d'elle-même elle n'a que le mal. On peut appliquer à ce sujet ces paroles du prophète royal : *Vous avez repris l'homme en votre fureur à cause de ses péchés, et vous avez fait sécher son âme comme une araignée qui s'épuise à faire ses toiles* (*Psal.*, XXXVIII, 12).

Le second genre de tourments que l'âme souffre en cet état vient de son infirmité naturelle et de sa faiblesse spirituelle. Cette contemplation divine lui est communiquée d'une manière si forte et si impétueuse, à dessein de la fortifier en la domptant, que sa faiblesse ne la peut supporter, et qu'elle vient même à défaillir en quelque façon, lors principalement que la véhémence de la lumière est trop grande, car le sens et l'esprit souffrent comme s'ils étaient oppressés d'un fardeau immense et invisible, et ils tombent dans une agonie si cruelle, que la mort paraît alors un véritable soulagement. Le saint homme Job avait expérimenté ces rigueurs lorsqu'il disait : *Je ne désire pas que Dieu combatte de toutes ses forces avec moi, de peur que le poids de sa grandeur ne m'accable* (*Job.*, XXIII, 6). Car l'âme, dans le plus fort de son oppression, se voit si éloignée des faveurs de Dieu, qu'elle croit que toutes les ressources de son appui et de son secours se sont évanouies avec tous ses biens, et qu'il ne trouve personne qui lui porte compassion. Si bien qu'elle peut dire, avec le plus affligé des hommes : *Ayez pitié de moi, au moins vous, mes amis, parce que la main du Seigneur m'a frappé* (*Job.*, XIX, 21). C'est en vérité une chose digne d'admiration et de douleur, de voir que l'âme a tant de faiblesse et d'imperfection en cet état, qu'elle trouve la main de Dieu si dure et si pesante, quoiqu'elle soit d'elle-même si douce et si légère, et qu'elle ne touche l'âme que très-délicatement ; car Dieu ne la traite de la sorte que pour l'enrichir de ses dons, et non pour la châtier.

CHAPITRE 6

Des autres peines que l'âme souffre en cette nuit.

La troisième espèce de peines se forme des deux extrémités, qui ont été les causes des premières douleurs de l'âme, et qui se réunissent dans cet état : l'une est divine, l'autre est humaine. La divine est la contemplation qui purifie l'âme ; l'humaine est la même, en tant qu'elle est le sujet sur qui tombent les effets de la contemplation pour perfectionner l'âme, pour la renouveler, pour la dépouiller de ses affections habituelles et des qualités du vieil homme, auxquelles elle s'attache étroitement, et pour la rendre enfin toute divine ; de sorte que cette opération affaiblit l'âme, la consume et la plonge dans de si profondes ténèbres, qu'à la vue de ses misères elle se sent fondre et comme anéantir par la cruelle mort de l'esprit, comme si elle était dévorée par quelque bête farouche, et digérée dans son estomac. Ainsi elle est environnée et pénétrée de peines semblables à celles de Jonas pendant qu'il était dans le corps d'une baleine ; car il lui est expédient de mourir et d'être enfermée dans le tombeau de la nuit obscure, afin qu'elle parvienne à la résurrection qu'elle attend. David dépeint l'excès de ces tribulations de cette manière : *Je suis assiégé des douleurs que me cause la crainte de la mort et du tombeau ; et j'ai eu recours à la prière pour implorer l'assistance du Seigneur* (*Psal.*, XVII, 5, 6, 7).

Mais le plus grand supplice de l'âme est de croire que Dieu la hait, la délaisse et la jette pour cette raison dans les ténèbres. Le même roi expliquait autrefois ce tourment en ces termes : *Je suis semblable à ceux qu'on a blessés et qui sont dans les sépulcres, ensevelis dans le sommeil de la mort. Vous n'avez pas plus soin d'eux que de gens qui sont effacés du nombre des vivants. Mes ennemis m'ont mis dans le tombeau et dans les ténèbres de la mort. Vous avez répandu les flots de votre colère sur moi, et vous m'avez abîmé comme ceux qui tombent dans les gouffres les plus profonds de la mer* (*Psal.*, LXXXVII, 5, 6). En effet, lorsque la contemplation dont Dieu se sert pour purifier l'âme la mortifie en la dépouillant de tout, l'âme éprouve, avec une vivacité pénétrante, toute l'horreur que cause la mort, et toutes les douleurs et tous les gémissements de l'enfer ; parce qu'en cet état elle semble connaître, par une expérience sensible, que Dieu est fâché contre elle, qu'il la punit dans l'ardeur de sa colère, qu'il l'a rejetée, et qu'il n'est plus avec elle ; elle craint même, avec beaucoup d'apparence, selon son sentiment, qu'il ne la traite éternellement avec la même sévérité. Toutes les créatures aussi, et surtout ses amis, la désolent et la méprisent. C'est ce que le prophète ajoute : *Vous avez permis que ceux que je connaissais, et avec qui je vivais familièrement, se soient éloignés de moi, et qu'ils m'aient regardé comme un objet d'abomination* (*Psal.*, LXXXVII, 9). Le prophète Jonas avait expérimenté ces peines, tant dans le corps que dans l'âme : *Seigneur*, dit-il, *vous m'avez précipité dans le fond de la mer, et j'ai été couvert d'eau. Vous avez fait passer sur moi les flots des abîmes que vous avez creusés : ce qui m'a fait dire que j'étais rejeté de devant vos yeux. Néanmoins j'espère que je verrai encore votre saint temple.* Le prophète parle de la sorte, parce que c'est dans cet état de souffrances que Dieu purifiait son âme. Et, continuant, il ajoute : *Les eaux qui m'ont environné ont pénétré jusqu'à l'âme ; les gouffres m'ont englouti ; la mer m'a couvert la tête ; je suis descendu jusqu'aux racines des montagnes, et les cavernes de la terre m'ont tenu, comme des prisons, éternellement enfermé* (*Jon.*, II, 5, 6, 7.). Ces cavernes ou ces prisons, pour les appliquer à notre sujet, représentent les imperfections de l'âme qui l'empêchent de jouir des douceurs de la contemplation.

La quatrième espèce de souffrances vient de l'éminence de cette contemplation obscure : cette éminence n'est autre chose que son objet, savoir la grandeur et la majesté de Dieu, car elles font sentir à l'âme sa pauvreté et sa misère ; et cette pensée, fondée sur une si grande opposition, est une de ses principales peines. Elle expérimente en elle-même un profond vide, c'est-à-dire un entier dépouillement des biens temporels, des biens naturels et des biens spirituels qui ont du rapport à son plaisir ; et elle se voit pleine de maux contraires ; savoir, des défauts et des aridités qui la désolent. Elle se trouve enfin privée des espèces et des connaissances de ses puissances, et son esprit lui parait dénué de tout et entièrement abandonné ; car, puisque Dieu la purifie selon la partie sensitive et la partie spirituelle, selon les puissances intérieures et extérieures, il est utile à l'âme d'être mise dans cette pauvreté et dans la privation de toutes ces choses, afin qu'elle demeure dans la sécheresse et dans les ténèbres : parce que la partie animale est purifiée par les aridités, les puissances le sont par la privation de leurs opérations ; l'esprit l'est aussi par l'obscurité. Dieu opère toutes ces choses par cette obscure contemplation dans laquelle l'âme sent ce vide avec la suspension ou la soustraction de tous les appuis qu'elle trouvait dans la nature : ce qui la fait autant souffrir qu'un homme qu'on tiendrait suspendu en l'air et qu'on empêcherait de respirer. Alors Dieu la purifie en la vidant, et en consumant toutes ses affections et toutes les habitudes imparfaites de sa vie, comme le feu consume la rouille de quelque métal. Ces choses étant fort enracinées, il faut nécessairement que l'âme endure une extrême douleur lorsqu'elle les perd, et que ces paroles d'Ézéchiel se vérifient : *Entassez les os, afin que j'y mette le feu ; les chairs seront consumées ; tout cet amas cuira, et tous les os sécheront* (Ezech., XXIV, 10). Le prophète semble signifier la pauvreté que l'âme éprouve selon la partie inférieure et la partie supérieure. Il dit encore au même endroit : *Mettez-la sur les charbons ; mais il faut qu'elle soit vide et toute nue, afin que son airain s'échauffe et se fonde, et que toutes ses ordures s'amassent dans le milieu, et que sa rouille soit consumée* (Ezech., XXIV, 11). On voit dans ces expressions l'affliction extrême que l'âme reçoit du feu de la contemplation qui la purifie, puisqu'il est nécessaire qu'elle réduise en quelque manière au néant sa nature, ses affections et ses défauts, pour se purifier de la rouille qui est entrée jusque dans son intérieur. Si bien que, devant être purifiée dans ce feu comme l'or dans la fournaise, selon le sentiment du Sage (Sap., III, 6), elle sent jusque dans les moelles cet anéantissement et cette défaillance, avec une extrême pauvreté. David était dans ce pitoyable état lorsqu'il s'écriait : *Sauvez-moi, mon Dieu, parce que les eaux pénètrent mes entrailles. Je suis tombé dans un abîme plein de boue et sans fond. Je suis descendu dans les gouffres de la mer, parce que la tempête m'y a fait couler. J'ai crié de toutes mes forces et je me suis enroué ; mes yeux se sont épuisés en s'attachant sur vous, mon Dieu, parce que j'ai mis toute mon espérance en votre bonté* (*Psal.*, LXVIII, 1, 2, 3).

Dieu abaisse beaucoup l'âme, afin qu'il l'élève ensuite beaucoup, et s'il ne modérait promptement les sentiments que l'âme a si vivement imprimés en l'esprit, elle abandonnerait son corps en peu de jours ; mais le feu de ces peines ne se fait sentir que de temps en temps, et non pas continuellement. Il est néanmoins quelquefois si violent, que l'âme croit voir l'enfer ouvert sous elle et tout prêt à l'engloutir. Ces sortes de gens sont du nombre de ceux qui descendent tout vivants dans les enfers, et qui y sont purifiés comme dans le purgatoire, puisque c'est là cette purgation que chacun doit faire de ses fautes, quoiqu'elles ne soient que vénielles. Ainsi on peut dire avec probabilité qu'une âme qui a passé par ce purgatoire spirituel, ou n'entrera pas dans le purgatoire de l'autre monde, ou n'y demeurera pas longtemps ; car une heure qu'elle passe dans le premier purgatoire lui profite plus, à cause des mérites qu'elle acquiert et de la satisfaction qu'elle fait à la justice divine, que plusieurs heures ne lui serviraient dans le dernier purgatoire, parce qu'elle n'y mériterait point, et que Dieu ne lui remettrait rien de ses souffrances.

CHAPITRE 7

On continue de traiter de la même matière, et des autres afflictions de la volonté.

Les peines de la volonté sont si grandes en cet état, que la mémoire de ces maux et l'incertitude de leur remède frappent vivement l'âme et l'accablent tout à fait. Il y faut joindre le ressouvenir de ses prospérités passées ; car les hommes qui sentent les amertumes de cette nuit ont été prévenus ordinairement de douceurs divines, et ont rendu à Dieu des services considérables. C'est pourquoi la privation d'un état si heureux, et l'impossibilité apparente de le recouvrer, leur percent le cœur d'une douleur infiniment sensible. Job, instruit par sa propre expérience, nous déclare cette vérité : *J'étais autrefois abondant en richesses,* dit-il, *et tout à coup je me vois réduit à rien ; il m'a pris par le cou ; il m'a presque brisé ; il m'a mis devant lui comme le but de ses coups ; il a mis ses lances autour de moi ; il m'a blessé aux reins ; il ne m'a point épargné ; il a dispersé mes entrailles sur la terre ; il m'a coupé en pièces et m'a fait plaie sur plaie ; il s'est jeté sur moi comme un géant ; je me suis couvert d'un sac et de cendre. A force de pleurer, mon visage s'est enflé, et j'en ai presque perdu les yeux* (*Job.*, XVI, 13, 14, 15, 16, 17). Il y a beaucoup d'autres endroits dans l'Ecriture qui font connaître le caractère des souffrances qu'on essuie en cette nuit ; mais je ne veux pas les produire ici, de peur d'être long. Ceux que nous venons de voir nous en donnent assez l'idée.

Toutefois, pour achever l'explication de ce vers du premier cantique, j'apporterai les sentiments de Jérémie sur ce sujet : *Je suis un homme*, dit-il, *qui connais parfaitement ma pauvreté ; sous la verge de l'indignation de Dieu ; il m'a jeté dans les ténèbres sans me faire voir la lumière ; il a levé la main et déchargé tout le jour ses coups sur moi ; il a noirci de contusions ma peau et ma chair ; il m'a brisé les os ; il m'a assiégé de tous côtés, et rempli de fiel et de peines ; il m'a mis comme les morts, dans un lieu plein d'obscurité, et m'a renfermé de toutes parts de peur que je n'en sorte ; il a serré plus étroitement mes chaînes ; il m'a fermé le chemin avec de grosses pierres, et il a rompu toutes les routes par lesquelles je pouvais m'échapper ; il s'est mis, comme un ours et comme un lion, en embuscade, pour me surprendre et me dévorer ; il a rompu mon chemin ; il m'a tout brisé et tout désolé ; il a tendu son arc et tiré ses flèches contre moi comme contre un but, et il m'en a percé les reins ; j'ai été le sujet ordinaire des railleries et des chansons du peuple ; il m'a rempli d'amertumes : il m'a enivré d'absinthe ; il m'a cassé les dents ; il m'a nourri de cendres : mon âme a été privée de la paix ; j'ai oublié tous les biens, et j'ai dit en moi-même : mes prétentions sont vaines, et je n'espère plus rien du Seigneur. Cependant, mon Dieu, sou-*

venez-vous de ma pauvreté, de mes souffrances excessives, de l'absinthe et du fiel que j'ai bu. Lorsque ces choses me viendront en la mémoire, mon âme en séchera de douleur (*Threnor.*, III, 1, 2, 3, etc.). Jérémie décrit ici et déplore toutes les peines que cette nuit de l'esprit et cette purgation douloureuse causent à l'âme ; ce qui la rend digne de compassion. A la vérité, Dieu traite l'âme favorablement, puisqu'il change pour elle, selon l'expression de Job, *les ténèbres et l'ombre de la mort en lumière* ; et que, comme parle David, *son obscurité sera semblable à sa lumière* (*Job.*, XII, 22). Mais son affliction est extrême, tant à cause de ses maux que de l'incertitude où elle est d'en trouver le remède et d'en voir la fin. Car elle se persuade que ses peines ne finiront jamais, *et qu'elle sera toujours, comme les morts, dans l'obscurité du tombeau* (*Psal.*, CXXXVIII, 12 ; CXLII, 4).

Joignez à cela que, quelque connaissance qu'on lui donne, quelques directeurs spirituels qu'elle consulte, elle n'en reçoit aucun secours. Quoiqu'ils lui proposent les plus puissants motifs de consolation qu'ils peuvent tirer des grands biens de cet état, elle ne saurait les croire, parce que, toute pénétrée d'un très-vif sentiment de ses souffrances, elle croit que ceux qui lui parlent ne comprennent pas ses misères, et ne peuvent lui dire ce qu'il faut, ni lui suggérer les remèdes nécessaires ; et, en effet, ils ne le peuvent ; ainsi son chagrin s'aigrit davantage. Elle n'aura donc nul moyen de l'adoucir, jusqu'à ce que Notre-Seigneur achève de la purifier, de la manière et dans le temps qu'il lui plaira. Elle ressemble à un homme qu'on tient les mains et les pieds liés dans une obscure prison ; il ne peut ni se remuer, ni rien voir, ni recevoir le moindre soulagement. De même l'âme gémit dans les chaînes, dans les croix, dans les ténèbres, immobile, sans aide, jusqu'à ce que l'esprit soit amolli, humilié, purifié, si dégagé des choses matérielles et sensibles, si subtil, si simple, qu'il puisse devenir en quelque sorte un même esprit avec l'esprit de Dieu, selon la mesure et le degré de l'union d'amour à laquelle la miséricorde divine voudra l'élever. Car Dieu purifie l'âme plus ou moins rigoureusement, et il y emploie plus ou moins de temps, par rapport à la qualité de l'union qu'il lui destine. Cette purgation n'est pas néanmoins toujours d'une égale force : elle est quelquefois plus dure, quelquefois plus douce, parce que Dieu ne permet pas que cette obscure contemplation touche l'âme et la pénètre d'une manière purgative, mais d'une manière illuminative et amoureuse ; et alors l'âme sort de l'affreuse prison où elle était auparavant, et elle entre en jouissance d'une grande liberté, d'une agréable paix, d'une communication avec Dieu facile, amoureuse, intime, fort spirituelle. Toutes ces choses lui sont des marques certaines du bien que cette purgation fait en elle pour son salut, et elles lui donnent des pressentiments des faveurs abondantes qu'elle attend de son Créateur. Ces consolations spirituelles sont cependant si douces, qu'il semble à l'âme que Dieu a mis fin à ses souffrances. Car c'est la nature et la propriété des choses spirituelles, principalement lorsqu'elles sont pures et dégagées des sens, que l'âme se persuade que, quand ses afflictions reviennent, elle n'en sera jamais délivrée, et qu'ainsi elle n'aura jamais aucun bien dans la vie intérieure, comme les endroits de l'Écriture que nous avons allégués le montrent : au contraire, lorsqu'elle se voit comblée de dons spirituels, elle croit que ses maux sont absolument cessés, et qu'elle ne perdra jamais ses biens spirituels, comme le prophète-roi le confesse de lui-même : *Lors*, dit-il, *que j'ai possédé de grandes richesses, je me suis dit à moi-même quelles dureraient toujours, et que ma fortune ne changerait pas* (*Psal.*,

XXIX, 7). La raison en est que la possession d'un bien spirituel chasse de l'esprit la possession actuelle d'une autre chose contraire. Cela néanmoins n'arrive pas à la partie animale, d'autant que sa connaissance est plus lente et moins vive.

Mais parce que l'esprit n'est pas encore parfaitement épuré des imperfections dont la partie inférieure l'a souillé, quelque fermeté qu'il ait, il est sujet aux douleurs à proportion qu'il est engagé dans ces défauts. Aussi comme David, après l'abondance de ses biens, tomba dans de grands maux, de même l'âme, après les torrents de ses consolations, devient aride et ne sent plus que des peines intérieures. Cette pensée de ses biens et de ses maux lui revient souvent en l'esprit, jusqu'à ce qu'elle soit entièrement purifiée, et, quelque commerce qu'elle ait avec Dieu, elle n'en reçoit jamais des avantages si grands, qu'ils arrachent, ou du moins qu'ils couvrent la racine des imperfections qui lui restent. Elle sent bien, dans son fond, qu'il lui manque quelque chose, et qu'il y a encore quelque tache dont elle doit être lavée. Il lui paraît qu'il y a, dans son intérieur, je ne sais quel ennemi qui semble, à la vérité, endormi et paisible, mais elle appréhende toujours qu'il ne se réveille et ne lui fasse la guerre ; et, en effet, il la lui fait d'une manière très-cruelle ; car, lorsqu'elle croit être en assurance, il la replonge dans un abîme de duretés, de douleurs et de ténèbres plus horribles et d'une plus longue durée que les premières. Et l'âme ne doute plus alors que tous ses biens ne se soient dissipés. Le souvenir même de ses premières richesses spirituelles n'est pas capable de lui faire espérer une nouvelle prospérité.

Toutefois les personnes qui sont dans des épreuves si affligeantes aiment Dieu au point de donner mille vies pour lui. Mais ce grand amour ne les empêche pas de croire que Dieu ne les aime point, n'ayant rien qui soit digne de son amour, et s'estimant même assez misérables pour mériter sa haine et l'horreur de toutes les créatures. Ces sentiments les accablent de chagrins et de désolations.

CHAPITRE 8

De quelques nouvelles souffrances de l'âme, tandis que cet état dure.

Il se trouve en cet état une nouvelle peine, qui est que cette obscure nuit lie les puissances de l'âme, et étouffe ses affections, de telle sorte qu'elle ne peut élever son esprit à Dieu, ni lui demander aucune chose. Il lui semble que, comme le dit Jérémie, *Dieu s'est couvert d'un nuage pour empêcher son oraison de passer jusqu'à lui* (*Thren.*, III, 44.) et qu'il lui a fermé le chemin de grosses pierres carrées (*Ibid.*, 9), de peur qu'elle ne puisse aller jusqu'à son trône. Que si elle lui fait quelques prières, c'est avec tant de sécheresse et si peu de dévotion, qu'il lui parait que Dieu ne l'écoute pas et qu'il la néglige, pouvant dire avec le prophète : *Lorsque je l'ai prié, il a rejeté ma prière* (*Ibid.*, 8). Si bien qu'il est utile, en ce temps-là, de se prosterner jusqu'à terre, de *mettre*, comme parle Jérémie, *la bouche dans la poussière* (*Ibid.*, 29), en supportant patiemment cette épreuve purifiante. C'est Dieu qui fait cette opération dans l'âme, et l'âme ne peut agir, ni prier, ni s'appliquer avec attention aux choses divines ; elle ne saurait même s'occuper des affaires temporelles, et souvent elle est hors d'elle-même et perd la mémoire, de toutes choses, de telle sorte qu'elle passe plusieurs heures sans savoir ce qu'elle a fait. Elle ignore aussi quelquefois ce qu'elle fait ou ce qu'elle doit faire, et n'est presque pas attentive à ses actions, quelque effort qu'elle fasse pour l'être.

Mais parce que l'entendement est plus purifié de ses connaissances imparfaites, et la volonté dégagée de ses affections déréglées, et la mémoire dépouillée de ses espèces, il faut que l'âme soit comme anéantie on tout cela, pour accomplir ce que disait David en cet état : *J'ai été réduit au néant, et je ne m'en suis pas aperçu*. Cette ignorance renferme l'oubli de la mémoire, et alors les abstractions et les transports de l'âme naissent du recueillement intérieur où cette contemplation la plonge. Il était avantageux que l'âme fût absorbée, avec toutes ses puissances, dans cette divine et obscure lumière, de la contemplation infuse, et qu'elle fût ainsi séparée des créatures, afin qu'elle fût disposée et proportionnée en quelque manière à l'union de Dieu. En sorte que plus cette lumière est pure, plus elle obscurcit l'âme et la vide de ses affections particulières pour les choses, soit célestes, soit terrestres. Au contraire, moins elle est pure, moins elle prive l'âme de ses opérations, et moins elle lui parait obscure.

CHAPITRE 9

Comment cette nuit, quoiqu'elle obscurcisse l'esprit, est une disposition nécessaire pour l'éclairer.

Il est vrai que cette heureuse nuit jette l'esprit dans les ténèbres, mais c'est pour lui communiquer une lumière qui lui découvre toutes choses ; elle l'abaisse à un état misérable, mais c'est pour l'élever à la jouissance d'une parfaite liberté ; elle le prive, de toute affection naturelle, mais c'est pour lui faire goûter les douceurs de tous les biens de l'ordre supérieur ou surnaturel, et de l'ordre inférieur ou naturel.

Comme il est nécessaire que les éléments soient démêlés des couleurs, des odeurs, des saveurs particulières, pour s'unir ensemble dans les composés naturels, et pour s'accommoder aux saveurs, aux odeurs et aux couleurs universelles ; de même il faut que l'esprit soit simple, pur, débarrassé de toute affection naturelle, tant actuelle qu'habituelle, afin qu'il ait la liberté et la puissance de participer à la sagesse divine, et qu'il goûte d'une manière excellente les saveurs et les douceurs de toutes choses. Sans ce dénûment, il ne pourra tirer aucune satisfaction de ces délices spirituelles, quoiqu'elles soient très-abondantes, puisqu'une seule affection particulière, soit actuelle, soit habituelle, est suffisante pour empêcher le sentiment, le goût, la communication de cette subtile et intime douceur, que l'esprit d'amour, qui contient en un degré très-éminent toutes les saveurs les plus charmantes, a coutume de verser dans l'âme. En effet, comme les Israélites ne goûtaient pas la manne, quoiqu'elle eût toutes les saveurs que chacun souhaitait, parce qu'ils conservaient encore la mémoire et l'amour des viandes qu'ils avaient mangées en Égypte, ainsi l'esprit qui a quelque attache actuelle ou habituelle à quelque chose, ne peut jouir des plaisirs de la nourriture spirituelle. La raison en est que les affections et les connaissances de l'esprit purifié et élevé à la perfection sont d'un rang supérieur aux affections et aux connaissances naturelles : elles sont surnaturelles et divines ; de sorte que, pour en acquérir les actes ou les habitudes, il est nécessaire que celles qui ne sortent point des bornes de la nature soient éteintes. C'est pourquoi il est d'une grande utilité, en cette matière, que l'esprit perde dans cette nuit obscure ses connaissances naturelles, pour être revêtu de cette lumière très-subtile et toute divine, et pour devenir lui-même en quelque façon tout divin dans son union avec la sagesse de Dieu. Cette nuit ou cette obscurité doit durer autant de temps qu'il en faut pour contracter l'habitude de l'usage qu'on fait de cette lumière surnaturelle. On doit dire la même chose de la volonté : elle est obligée de se défaire de toutes les affections qui l'attachent aux objets naturels, pour recevoir les admirables effets de l'amour, qui est extrêmement spirituel, subtil, délicat, intime, qui surpasse tous les sentiments naturels et toutes les affections de la volonté, qui est enfin tout divin ; et afin qu'elle soit toute transformée en cet amour par l'union qui lui est accordée dans la perte de tous ses biens naturels.

Il faut encore que la mémoire soit dénuée des images que lui forment les connaissances douces et tranquilles des choses dont elle se souvient, afin qu'elle les regarde comme des choses étrangères, et que ces choses lui paraissent d'une manière différente de l'idée qu'elle en avait auparavant. Par ce moyen, cette nuit obscure retirera l'esprit du sentiment commun et ordinaire qu'il avait des objets créés, et elle lui imprimera un sentiment tout divin qui lui semblera étranger ; en sorte que l'âme vivra comme hors d'elle-même, et élevée au-dessus de la vie humaine : elle doutera quelquefois si ce qui se passe en elle n'est point un enchantement ou une stupidité d'esprit : elle s'étonnera de voir et d'entendre des choses qui lui semblent fort nouvelles, quoiqu'elles soient les mêmes que celles qu'elle avait autrefois entre les mains. La cause de ce changement, c'est que l'âme doit perdre entièrement ses connaissances et ses sentiments humains, pour prendre des connaissances et des sentiments divins ; ce qui est plus le propre de la vie future que de la vie présente.

L'âme endure toutes ces purgations et toutes ces peines d'esprit afin qu'elle monte, par cette influence divine, à la vie spirituelle, et que, dans l'excès de ses douleurs, elle engendre l'esprit de salut, selon l'oracle d'Isaïe : *Seigneur*, dit-il, *nous avons conçu, nous avons enfanté l'esprit du salut* (*Isa.*, XXVI, 18). De plus, comme cette contemplation pleine d'obscurité dispose l'âme à une paix intérieure qui surpasse tout sentiment, l'âme doit être privée de cette paix du sens et de l'esprit, qui n'était pas une véritable paix, à cause des imperfections dont elle était remplie et altérée. Cette paix imparfaite est troublée par l'inquiétude des soupçons, des imaginations, des combats intérieurs que l'âme soutire à cause de la connaissance qu'elle a de ses misères et de la perte de ses biens spirituels. De là vient la douleur et le gémissement profond qui éclate quelquefois en rugissements et en hurlements spirituels que l'âme exprime souvent par des paroles vives et touchantes : elle fond même en larmes autant que ses forces le permettent, mais elle en reçoit rarement la consolation. Le roi-prophète, qui avait éprouvé cet état en parle de la sorte : *J'ai été excessivement humilié, et la douleur qui vie pressait le cœur me faisait pousser d'horribles rugissements* (Psal., XXXVII, 9).

Quelquefois l'âme est tellement tourmentée de la seule représentation de ses misères, que je ne saurais mieux dépeindre ses souffrances qu'en me servant de la comparaison que le saint homme Job emploie pour expliquer son extrême affliction. *Mon rugissement*, dit-il, *est semblable au bruit que font les torrents qui se précipitent du haut des montagnes dans les vallées* (Job, III, 24). On peut dire encore, que comme les torrents qui se débordent, inondent et remplissent les campagnes, de même le rugissement de l'âme répand sur elle, sur ses puissances, sur ses affections, un torrent de douleurs qui la couvre, et qui la pénètre de tous côtés. Voilà les effets que cette nuit fait dans l'âme en lui cachant le fondement de ses espérances, les rayons de la lumière divine et l'éclat du jour qu'elle cherche pour sa consolation. Job dit à ce propos que *durant, la nuit les douleurs lui rongent la bouche connue un cancer, et que ceux qui le mangent et le consument ne dorment pas* (Job, XXX ; 17). La bouche signifie en cet endroit la volonté tourmentée de peines qui déchirent l'âme sans discontinuation.

Cette guerre est cruelle parce que la paix qui en doit

naître est grande : l'affliction de l'âme est intérieure, toute pure et sans consolation, parce que l'amour qu'elle concevra ensuite pour Dieu doit être intime et épuré de tous défauts. Il en va de ceci comme d'un ouvrage ou d'un édifice, car plus un ouvrage doit être excellent, plus on y apporte d'art et de diligence pour le faire ; plus un édifice doit être fort et élevé, plus on creuse et on fortifie les fondements : de même, plus la paix de l'âme doit être solide, plus les combats qu'elle soutient sont violents ; plus l'amour doit être ardent, plus les souffrances doivent être excessives.

Si vous demandez pourquoi la lumière de cette contemplation produit en l'âme des effets si douloureux, on vous répondra ce qu'on a déjà dit, que cela vient, non pas de cette infusion divine, mais de la faiblesse et des imperfections de l'âme, qui n'est pas capable, en ces dispositions, de recevoir sans douleur les impressions de son Dieu.

CHAPITRE 10

On apporte une comparaison pour expliquer cette purgation.

Cette nuit, cette contemplation ou cette lumière divine dont nous parlons, purifie l'âme et la dispose à l'union de Dieu, de la même manière que le feu transforme le bois qu'il brûle. D'abord le feu chasse l'humidité du bois et le sèche, ensuite il le noircit et le souille de vapeurs et de fumée. Puis il consume tout ce qu'il y trouve de contraire et de grossier. Il l'enflamme enfin et le change en lui-même ; il le rend beau, lumineux, éclatant ; en sorte néanmoins que le bois ne fait plus que recevoir l'action du feu, sans agir lui-même en cet état ; et alors il est revêtu de toutes les qualités de son vainqueur : il est sec et il dessèche ; il est chaud et il échauffe : il luit et il éclaire ; il est plus léger qu'il n'était, et c'est le feu qui produit tous ces effets.

Il faut raisonner de la même manière du feu de cette obscure contemplation et de cet amour divin. Avant qu'il s'unisse l'âme à lui-même, il la décharge du poids de toutes ses imperfections ; il la couvre de noirceurs et de laideurs ; ce qui la fait paraître à ses yeux plus méchante qu'auparavant, parce que ce feu brillant lui montre ses défauts qui lui étaient cachés et inconnus ; il la jette dans l'obscurité. Après quoi il commence à répandre sur elle la lueur de ses rayons, jusqu'à ce que, l'ayant remplie de lumière et de chaleur, il la transforme en lui-même sans qu'elle opère, et lui communique la parfaite union de l'amour divin.

Pour donner plus de jour à cette vérité, il faut remarquer, en premier lieu, que comme c'est le même feu qui prépare le bois et qui achève de le changer, ainsi c'est la même lumière divine qui dispose l'âme et qui la conduit à l'union.

Il faut remarquer, en second lieu, que comme le feu fait souffrir le bois à cause de ses dispositions contraires à l'activité du feu, de même ce feu divin fait souffrir l'âme à cause de ses imperfections opposées à l'impression de Dieu. L'Ecclésiastique, qui avait l'expérience de ces souffrances, les exprime en ces termes : *Mon âme a combattu violemment pour acquérir la sagesse, et j'ai été ému jusque dans le fond des entrailles pour posséder ce riche héritage* (*Eccli.*, LI, 25-29.).

Troisièmement, nous pouvons conjecturer de là, en quelque façon, comment les âmes souffrent dans le purgatoire. Car comme les âmes qui passent ici par le feu de cette nuit ou de cette contemplation sont tellement affligées que, quand toutes leurs imperfections sont effacées et consumées, elles sont délivrées de leurs peines, parce qu'il n'y reste plus de matière ; et elles entrent en la jouissance de Dieu autant qu'on le peut en cette vie : de même les âmes sont tourmentées dans le purgatoire jusqu'à ce que le feu les ait purifiées des taches de leurs péchés, et les ait ainsi disposées à prendre possession du royaume de leur Créateur.

En quatrième lieu, nous apprenons de là que comme le bois reçoit la chaleur du feu avec des accroissements proportionnés à ses dispositions, de même l'âme est enflammée peu à peu de l'amour qui la purifie, selon la mesure de ses dispositions et de la pureté que ce feu divin lui procure. Néanmoins l'âme ne connaît pas toujours l'ardeur de l'amour qui l'embrase ; elle la comprend seulement lorsque cette contemplation ne l'éclaire pas avec tant de véhémence. Car l'âme peut voir en ce temps-là ce que Dieu opère en elle, et même elle peut goûter cette opération divine. Elle ne pourrait faire cependant ni l'un ni l'autre, si sa peine durait toujours sans relâche. On peut éclaircir cette vérité par cette comparaison : tandis que la flamme agit sur le bois et l'environne, on ne voit pas bien tout ce qu'elle a consumé, ni le progrès qu'elle a fait ; mais, quand elle cesse de le couvrir de tous côtés, on s'aperçoit mieux de son effet, et on use plus aisément de ce bois. Ainsi l'âme ignore ce qui se passe en elle quand l'opération est forte et l'occupe tout entière ; elle la connaît quand l'opération est interrompue et s'affaiblit ; et alors elle jouit du fruit qu'elle en tire.

Cinquièmement, la même comparaison nous fait encore concevoir comment les âmes, après avoir goûté ces petites consolations, retombent dans de nouvelles souffrances plus grandes que les premières. Car comme le feu, plus il pénètre dans le bois, plus il consume le dedans jusqu'à la moelle : de même, après que le feu de l'amour a purgé l'âme de ses défauts extérieurs, il entreprend ses imperfections plus intérieures, plus spirituelles, plus subtiles ; il les consume ; et, par cette action plus vive, il afflige l'âme d'une manière plus fixe, plus aiguë et plus pénétrante.

En sixième lieu, nous inférons de ce principe, que quoique l'âme ait des intervalles de joie qui lui font espérer que ses afflictions ne reviendront plus, toutefois elle sent toujours en elle-même je ne sais quel fond qui l'empêche de goûter pleinement ce plaisir. Il lui semble entendre je ne sais quoi qui la menace d'une nouvelle peine. Elle voit bien qu'il reste encore dans son intérieur quelque chose à purifier, et que c'est de là que ses nouvelles douleurs doivent naître. Elle est en cela semblable au bois, où l'on distingue, d'avec ce qui est brûlé dans les parties extérieures, ce qui reste à brûler dans les parties intérieures. Cependant lorsque cette purgation spirituelle se fait dans ce que l'âme a de plus intime, l'âme, pénétrée de nouvelles douleurs, ne voit plus en elle aucun bien, et désespère de rentrer en possession de ceux dont elle jouissait auparavant.

Nous passerons maintenant à l'explication du second vers de ce premier cantique, pour montrer les fruits que l'âme recueille de ses souffrances.

CHAPITRE II

On commence à donner l'interprétation du second vers du premier cantique, et on prouve comment le grand amour qui s'allume dans l'âme est le fruit de ses rigoureuses peines.

Enflammée d'un amour inquiet.

L'âme fait connaître ici le feu spirituel de l'amour qui s'allume en elle dans l'obscurité de cette contemplation qui lui cause tant de douleurs, comme le feu matériel s'allume dans le bois qu'on fait brûler. L'ardeur de cet amour est aussi différente de celle qui se fait sentir quelquefois dans la partie sensitive de l'homme, que l'âme est différente du corps, ou que la partie spirituelle est différente de la partie animale. Car le feu de cet amour divin s'allume en l'esprit, lorsque l'âme, accablée de peines, est embrasée de l'amour de Dieu d'une manière vive, forte et pénétrante, et qu'elle a quelque pressentiment de la présence de Dieu, quoique l'obscurité de son esprit l'empêche alors de rien connaître en particulier.

L'impression d'amour que cette ardeur fait est si véhémente, que l'esprit en conçoit des sentiments très-vifs et très-violents. L'âme ne concourt à cet amour que d'une manière passive, parce qu'il est surnaturellement infus, et qu'il produit des effets très-sensibles en elle. Il a quelque chose de la parfaite union de l'âme avec Dieu, et il participe en quelque façon à ses propriétés, lesquelles sont plus les actions de Dieu reçues dans l'âme qui y consent avec amour, que les opérations de l'âme même. Toutefois le seul amour de Dieu qui s'unit à elle lui donne cette chaleur, cette efficace, cette passion qu'elle nomme embrasement. Cet amour trouve l'âme d'autant mieux disposée à recevoir son union et ses effets, qu'elle a les passions et les affections éteintes, et insensibles à toutes les choses célestes et terrestres. Ce qui arrive principalement dans cette obscure purgation, parce que Dieu resserre les puissances de l'âme de telle sorte, qu'elles ne peuvent goûter avec plaisir les créatures. Cette rigoureuse mortification s'exerce ainsi sur les passions, afin que l'âme, délivrée des empêchements qu'elle en souffrirait, soit plus forte et mieux préparée pour parvenir à l'union divine, et pour aimer Dieu de toutes ses forces : ce qu'elle ne pourrait faire si elle se répandait sur d'autres objets. C'est pourquoi le prophète royal disait à Dieu, pour soutenir la violence de cet amour unitif : *Je garderai ma force en vous et pour vous, mon Dieu* (*Psal.*, LVIII, 10). C'est-à-dire, je conserverai pour vous la force de mes puissances, en leur refusant les choses qu'elles désireront, et en ne les appliquant qu'à vous et qu'à votre amour.

On voit par là combien est grande l'ardeur de l'amour qui enflamme l'esprit. C'est là le centre où Dieu ramasse et réunit toutes les puissances de l'âme, afin que l'âme les occupe toutes ensemble à aimer son Créateur. Ainsi elle satisfait pleinement au premier précepte du Décalogue, où Dieu commande à l'homme de consacrer à son amour tout ce qu'il possède intérieurement : *Vous aimerez le Seigneur votre Dieu de tout votre cœur, de toute votre âme, de tout votre esprit et de toutes vos forces* (*Marc*, XII, 30). Lors donc que l'âme est ainsi embrasée de flammes divines, qui peut comprendre l'excès et les tendresses d'amour qui se répandent dans toutes ses puissances ? Cet amour ne la contente pas néanmoins tout à fait : il y reste toujours quelque doute et quelque obscurité ; et plus Dieu se communique à elle, plus elle sent de faim et de désir de l'aimer. L'attrait de cet amour et de ce feu divin sèche, pour ainsi dire, l'esprit, et enflamme ses affections de telle sorte, que le cœur fait tous ses efforts pour soulager son ardeur et pour étancher sa soif. Mille fois l'âme se tourne et se replie en elle-même ; elle désire Dieu et le recherche en mille manières, suivant l'expression de David : *Mon âme*, dit-il, *et mon corps, à mon Dieu, vous ont désiré en plusieurs façons* ; ou, comme porte une version : *Mon âme meurt du désir de vous posséder* (*Psal.*, LXII, 2). C'est pour cette cause que l'âme dit en ce vers :

Enflammée d'un amour inquiet.

Parce qu'elle aime et désire Dieu en plusieurs manières, dans toutes les affaires et dans toutes les occasions qui se présentent ; elle sent cet amour et ce désir en tout temps et en tout lieu ; elle ne prend aucun repos ; l'ardeur qui la brûle et qui la blesse la presse sans relâche, et lui fait expérimenter ce que le saint homme Job décrit admirablement : *Comme le serviteur qui travaille aux ardeurs du soleil souhaite l'ombre, et comme le mercenaire attend patiemment la fin de son travail, de même les mois, les jours et les nuits m'ont été ennuyeux et difficiles à passer. Lorsque je vais me coucher, je dis en moi-même : Quand sera-ce que je me lèverai ? Quand je suis levé, je dis encore : Quand sera-ce que le soir viendra ? Ainsi je suis accablé de souffrances depuis le matin jusqu'au soir* (*Job.*, VII, 2, 3, 4). Toutes ces choses sont fâcheuses à l'âme en cet état ; et, pour lui appliquer dans un sens spirituel ce que Job dit des douleurs qu'il endurait jusqu'à la nuit, elle souffre sans espérer ni lumière, ni consolation, ni bien spirituel. Son affliction, au reste, s'accroît dans l'ardeur de l'amour, pour deux raisons. La première, c'est que les ténèbres spirituelles dont elle est environnée la fatiguent de doutes et d'inquiétudes. La seconde, c'est que l'amour divin l'embrase, la blesse au cœur, et la consume d'un feu dévorant et insatiable. Le prophète Isaïe a bien exprimé ces deux espèces de peines : *Mon âme*, dit-il, *vous a désiré la nuit*, c'est-à-dire dans mes misères ; et c'est la première affliction qui vient de la nuit obscure. Il continue : *Je m'éveillerai le matin, pour vous chercher en esprit dans mon intérieur* (*Isa.*, XXVI, 9). C'est la seconde peine, qui naît de l'amour, des désirs et des affections de l'esprit.

CHAPITRE 12

On montre que cette nuit horrible est le purgatoire de l'âme, et que comme la sagesse divine éclaire les anges dans le ciel, de même elle illumine les hommes sur la terre pendant que cette nuit dure.

Il paraît par ce que nous venons de dire que comme l'âme se purifie dans l'obscurité par le feu de cet amour, de même elle s'enflamme dans les ténèbres. De plus, on peut juger par là que comme le feu matériel et ténébreux purge les prédestinés dans le purgatoire, de même le feu spirituel et obscur de l'amour les purifie en cette vie. Car le feu les délivre en l'autre monde de leurs souillures, et l'amour les affranchit en celui-ci de leurs taches. C'est cet amour purifiant que David demandait quand il disait : *Mon Dieu, rendez mon cœur pur et net* (*Ps.*, L, 12). En effet, la pureté de cœur n'est autre chose que l'amour et la grâce de Dieu. De là vient que notre Sauveur appelait heureux tous ceux qui ont le cœur net, c'est-à-dire qui sont enflammés d'amour, puisque la béatitude ne se donne qu'au prix de l'amour divin.

Jérémie prouve très-bien que l'âme est purifiée, lorsque l'amour l'enflamme et que la sagesse divine l'éclaire : *Dieu*, dit-il, *a envoyé d'en haut le feu dans mes os et dans mon intérieur, et il m'a instruit* (*Thren.*, I, 13). Et David avait dit auparavant : *La parole du Seigneur est pure et sans dissimulation ; elle ressemble à de l'argent éprouvé par le feu et sans mélange* (*Psal.*, XI, 7). L'un et l'autre enseignent que les lumières divines accompagnent toujours l'amour sacré, parce que Dieu ne donne pas sa sagesse sans son amour, ni son amour sans sa sagesse ; mais il les communique à l'âme suivant sa nécessité et sa capacité, afin de la purger de ses imperfections par l'amour, et de ses ignorances par la sagesse.

Nous pouvons conclure de là que la même sagesse qui vient de Dieu, et qui, passant depuis la première hiérarchie des anges jusqu'à la dernière, les illumine tous, éclaire aussi tous les hommes, et en particulier les âmes que cette nuit obscure purifie. C'est pourquoi l'Écriture sainte nous apprend que ce que les anges font, Dieu le fait aussi, et que les saintes inspirations qu'ils nous suggèrent viennent de lui comme de la première source de tout bien : ainsi Dieu donne ses lumières aux anges, et les anges se les communiquent l'un à l'autre, en descendant des plus hauts aux plus bas. La comparaison suivante donnera plus de facilité à comprendre cette communication. Si on faisait plusieurs fenêtres sur une même ligne dans un enfoncement de perspective, et si depuis la première, qui serait la plus grande, les autres allaient toujours diminuant avec proportion jusqu'à la dernière, elles recevraient toutes ensemble les mêmes rayons du soleil, en sorte néanmoins que les premières les transmettraient aux dernières, selon leur grandeur ou leur petitesse. De même, les anges les plus proches de Dieu en sont éclairés, et ces divines lumières se répandent de telle manière sur les esprits inférieurs et plus éloignés de Dieu, qu'elles sont plus petites selon leur capacité. Et parce que l'homme est inférieur à l'ange, il reçoit des lumières plus bornées, Dieu ne lui donnant sa sagesse que selon la portée de son esprit. Mais cette communication est toujours accompagnée de douleur. Car comme les rayons ardents du soleil blessent les yeux débiles, de même les grandes lumières de Dieu blessent, fatiguent et affligent les âmes, à cause de leur faiblesse et de leurs imperfections, qui les rendent incapables de supporter cet éclat. Il faut que le feu de l'amour les purifie auparavant, les épure davantage, les rende plus spirituelles, afin qu'étant devenues semblables aux purs esprits, qui n'ont rien de matériel, elles soient plus propres à l'union de l'amour divin.

L'âme ne sent pas toujours cette grande ardeur ni toutes ces inquiétudes. Au commencement de cette purgation spirituelle, ce feu divin s'occupe plutôt à sécher l'âme comme du bois, et à la préparer, qu'à l'enflammer. Mais quand il l'enflamme, elle expérimente une extrême chaleur d'amour. Cependant l'esprit est purifié par cette obscurité ; et il arrive alors que cet amour lumineux éclaire l'entendement et embrase la volonté. De sorte que l'âme est remplie d'un feu d'amour très-vif, et d'une intelligence très-claire, et qu'elle peut dire avec David : *Mon cœur s'est échauffé eu moi-même, et le feu s'allumera dans ma méditation* (*Psal.*, XXXVIII, 4). Et il sera si violent, que j'en serai tout embrasée. Cette ardeur qui se fait sentir dans l'union de l'entendement et de la volonté avec Dieu, comble l'âme de biens et de plaisirs spirituels. Mais l'âme ne peut atteindre à un amour et à un attrait si sublime et si délicat, qu'après avoir essuyé des peines très-rudes. Il y a dans cette union des degrés plus bas, qui ne demandent ordinairement que des souffrances et des mortifications communes, pour purifier l'âme, et pour la conduire à cette union. De sorte que l'état de ces âmes est différent selon la différence de leurs afflictions.

CHAPITRE 13

Des autres effets que la nuit de cette contemplation opère dans l'âme.

Cette ardeur d'amour nous découvre quelques-uns des agréables effets que l'obscurité de cette contemplation produit en l'âme. Quelquefois l'âme est éclairée au milieu de ces ténèbres, et cette lumière tombe sur l'entendement ; la volonté y participe aussi en quelque façon. Cette opération se fait avec une paix et une simplicité subtile et si douce à l'âme, qu'elle ne trouve point de termes pour l'exprimer. Mais cette communication se fait selon les différents sentiments qu'on a de Dieu, et elle touche quelquefois la volonté si vivement, que l'amour s'allume avec beaucoup de tendresse, de force et d'élévation.

Comme cette ardeur et cette soif d'amour viennent du Saint-Esprit, elles sont fort différentes de celles dont nous avons parlé dans la nuit obscure du sens. Car quoique le sens ait quelque part à cette ardeur, parce que les peines de l'esprit rejaillissent jusque sur le sens même, toutefois la cause et la vivacité de cette soif d'amour résident dans la partie supérieure de l'âme, je veux dire dans l'esprit ; et alors l'âme reconnaît qu'elle est privée des choses qu'elle souhaite : de sorte qu'elle ne fait nul état de la peine du sens, quoiqu'elle soit incomparablement plus grande qu'elle n'a été dans la première nuit du sens. Car elle voit clairement que son intérieur est privé d'un grand bien, et qu'il ne lui reste aucun moyen de réparer cette perte.

C'est ce qui la tourmente cruellement, car elle juge ensuite que Dieu est mécontent d'elle. Néanmoins, si elle était persuadée que ce dépouillement et ces peines sont agréables à la majesté divine, et que ces souffrances et ce dénûment ne regardent que son bien, elle en aurait de la joie, étant d'ailleurs convaincue, quoique obscurément, que Dieu s'y plairait et en tirerait sa gloire. L'estime inconcevable qu'elle fait de Dieu la porterait même à faire de plus grandes choses pour lui. Car elle perdrait volontiers mille vies pour Dieu ; et le feu de l'amour qui la consume lui donne de si grandes forces et un courage si intrépide, que, toute transportée et comme enivrée, elle entreprendrait pour Dieu des actions extraordinaires, sans avoir égard à quoi que ce soit, en quelque temps et en quelque manière que les occasions se présentassent.

Et c'est pourquoi Marie-Madeleine, d'une famille si considérable, ne se mit pas en peine, selon le rapport de saint Luc, des gens de qualité qui mangeaient avec Jésus-Christ chez un pharisien appelé Simon (*Luc*, VII ; 37). Elle ne fit pas réflexion s'il était à propos ou non d'entrer en sa maison pendant le repas, et d'y verser des larmes ; elle ne pensait qu'à parvenir à celui qui lui avait enflammé le cœur de son amour ; elle ne voulait pas différer un moment, pour trouver un temps commode à ses desseins. Les transports et la hardiesse du même amour l'engagèrent aussi à aller avant le lever du soleil avec des parfums pour embaumer le corps de Notre-Seigneur, quoiqu'elle sût bien que son tombeau était fermé d'une grosse pierre, qu'il était scellé du sceau de la ville, et qu'il était gardé par une troupe de soldats (*Joan.*, XX, 1). Enfin les mêmes empressements furent cause que voyant son divin Maître sous la figure d'un jardinier, elle lui demanda s'il avait emporté son sacré corps, et où il l'avait mis, afin qu'elle allât le prendre (*Ibid.*, 15). Il y a apparence que si elle n'eût pas été tout enivrée d'amour, elle n'eût pas ainsi parlé à un artisan, en l'appelant seigneur ; elle eût considéré aussi que s'il eût été coupable de ce larcin, il ne se fût pas trahi lui-même, ou qu'il n'eût pas permis à une femme de lui enlever un dépôt si précieux. Mais c'est le propre de l'amour véhément de croire que tout lui est possible, et que chacun entre dans ses pensées et dans ses desseins, quoiqu'il ne les déclare pas. Car il se persuade, dans l'excès de son ardeur, que personne ne peut chercher ni trouver rien d'aimable que ce qu'il aime et cherche lui-même, et que nul autre objet n'est digne d'amour et de recherches que celui qu'il se propose. C'est pourquoi la sainte épouse, cherchant son époux par les rues et par les places, s'imagine que ceux qu'elle rencontre sont animés de la même passion et des mêmes pensées, et elle les prie de dire à son époux, quand ils le trouveront, qu'elle meurt d'amour pour lui (*Cantic.*, V, 8).

L'âme qui a beaucoup profité dans cette purgation spirituelle, est agitée des mêmes inquiétudes d'amour. La nuit, ou dans les ténèbres qui la purifient, elle s'élève par les mouvements des affections de sa volonté ; et comme une lionne ou une ourse cherche sans discontinuation ses petits qu'on lui a pris, de même cette âme cherche son

Dieu sans relâche. C'est là cet amour impatient où l'homme ne peut longtemps vivre sans jouir de l'objet de ses désirs ou sans mourir, semblable à Rachel, à qui le désir d'avoir une postérité nombreuse arrache ces paroles : *Donnez-moi des enfants, ou bien je m'en vais mourir* (*Gen.*, XXX, 1).

On peut demander ici comment l'âme qui s'estime si misérable et si indigne de Dieu, sent assez de courage et de force pour aspirer et pour tendre à l'union divine. Mais il est aisé d'y répondre : l'âme est occupée de l'amour de son Créateur et fortifiée de ses flammes. Or, la propriété inséparable de l'amour est d'unir l'amant à l'aimé et de le rendre semblable et égal à lui, afin qu'il se perfectionne dans la possession du bien que l'amour lui procure. Mais l'âme n'est pas encore parfaite en l'amour, puisqu'elle n'a pas encore acquis l'union divine. De là naissent cette faim et cette soif de l'union qu'elle cherche. C'est pourquoi l'amour donne à sa volonté de l'ardeur, des forces, du courage, de la hardiesse, pour voler vers son objet sacré, et pour le posséder dans une très-étroite union. Néanmoins l'entendement est en même temps enseveli dans les ténèbres ; il ne voit pas les trésors de cet amour ; il ne montre à l'âme que ses misères et ses imperfections. De sorte que sa volonté se porte à Dieu sur les flammes de l'amour, et l'entendement l'en retire par la connaissance de ses défauts et de son indignité.

Il est bon de marquer ici le doute qu'on forme, pourquoi cette lumière divine, qui est toujours la lumière de l'âme, ne l'éclaire pas aussitôt que ses premiers rayons la frappent, comme elle l'éclairera quelque temps après ; pourquoi, au contraire, elle la remplit d'obscurité et de peines. On répond que les ténèbres et les afflictions que l'âme essuie lorsque cette lumière commence à l'éclairer, sont les effets, non pas de cette lumière, mais des imperfections de l'âme, et que la lumière la pénètre pour la délivrer de ces maux. Si bien que l'âme, en recevant ses rayons, ne voit que ses propres misères, lesquelles se présentent comme plus proches et plus unies à elle. Auparavant elle ne les voyait pas, parce que cette lumière surnaturelle ne s'était pas encore répandue dans elle. Mais ensuite, étant dégagée de la connaissance et du sentiment de ses maux, elle voit les biens que cette lumière divine lui apporte.

L'âme, étant ainsi garantie de toutes ses imperfections, et dépouillée du vieil homme, est revêtue du nouveau, qui est créé selon Dieu, comme parle l'Apôtre (*Ephes.*, IV, 23, 24), c'est-à-dire que son entendement est éclairé d'une lumière surnaturelle et devient tout divin, étant uni à l'esprit de Dieu ; sa volonté, tout embrasée de l'amour divin, est aussi toute divine, étant unie à la volonté de Dieu, et aimant par le même amour ; sa mémoire et ses affections deviennent enfin toutes divines dans cette admirable union qui les élève à un état si heureux. De sorte que cette âme sera plus céleste que terrestre, plus divine qu'humaine, tant Dieu la change en l'attachant à lui seul. C'est pourquoi elle a raison de chanter le cantique que nous allons expliquer.

CHAPITRE 14

On explique les trois derniers vers du premier cantique.

**O l'heureuse fortune !
Je suis sortie sans être
aperçue,
Lorsque ma maison était
tranquille.**

L'âme exprime en ces vers l'heureuse fortune qui lui est arrivée, lorsqu'elle est sortie de ses imperfections pour aller à Dieu, comme un homme sort la nuit de sa maison, tandis que ses domestiques dorment, et sans être aperçu de personne, afin de faire avec plus de circonspection et de succès ce qu'il entreprend. Comme l'âme doit faire l'action la plus rare et la plus héroïque qu'elle puisse faire, qui est de s'unir à son bien-aimé, il faut qu'elle sorte dehors, parce que son divin époux ne se trouve que dehors et que dans la solitude. Pour cette cause, l'épouse sacrée désirait de le rencontrer seul : *Qui me fera cette grâce, mon frère,* disait-elle, *que je vous trouve dehors, et que je vous donne un saint baiser* (*Cant.*, VIII, 1.), pour vous marquer l'amour divin qui me consume ? De plus, il était à propos que l'âme, éprise d'amour et désireuse de parvenir à la fin qu'elle s'était proposée, sortit de nuit pendant que ses domestiques étaient ensevelis dans le sommeil, c'est-à-dire après que ses opérations grossières et ses passions furent éteintes. Car ce sont là les domestiques qui veillent sans cesse pour empêcher l'âme de les quitter, et pour la priver des biens qu'elle espère de la libéralité de Dieu. Ce sont eux dont le Sauveur parle, quand il dit : *Que les domestiques d'un homme sont ses ennemis* (*Matth.*, X, 36). Il fallait donc les étouffer, afin que l'âme acquit l'amour et l'union de Dieu. Leur capacité, n'étant que naturelle, ne peut contribuer à l'acquisition des biens surnaturels que Dieu seul peut donner à l'âme par une infusion secrète et d'une manière passive. Oh ! que c'est un grand bonheur pour l'âme de pouvoir sortir libre de la maison de sa sensualité ! Personne ne le saurait comprendre que celui qui en a l'expérience. Il verra clairement combien son esclavage était fâcheux, et à combien de misères il était exposé, lorsqu'il avait de l'attachement pour le plaisir de ses passions. Il connaîtra de quelle manière la vie de l'esprit est la véritable liberté ; il comprendra l'abondance extraordinaire des biens inconcevables dont nous marquerons quelques-uns dans les cantiques suivants, pour montrer que c'est avec sujet que l'âme attribue son heureux sort au passage de cette nuit si formidable à l'esprit.

CHAPITRE 15

Déclaration du second cantique.

**A escuras, y seura,
Por la secreta escala
  diffrazada,
O dichosa ventura !
A escuras, y enzelada,
Estando ya mi casa sossegada.**

**Lorsque ma maison était
  tranquille.
Et étant bien cachée dans les
  ténèbres,
Je suis sortie par un degré
  secret ;
O l'heureuse fortune !
Étant assurée et déguisée,**

L'âme continue de dire, en ce cantique, les propriétés de cette nuit obscure et le bonheur dont elles l'ont comblée. Mais, en rapportant ces propriétés, elle répond a une objection qu'on lui pourrait faire. Car elle assure qu'il ne faut pas croire, comme quelqu'un pourrait croire effectivement, qu'en souffrant de si grandes peines, elle ait été engagée dans un manifeste danger de se perdre : au contraire, elle soutient qu'elle a trouvé plus de sûreté dans cette nuit, parce qu'elle s'est soustraite plus finement à ses ennemis, qui s'opposaient à son passage. En effet, elle a marché dans les ténèbres de la nuit et par les routes de la mortification, laquelle l'a dérobée à leurs yeux et à leurs soins. Elle s'est couverte d'une foi vive et simple, qui a tellement favorisé sa sortie, qu'elle a heureusement achevé son entreprise sans aucune opposition de la part de ses passions, qui l'eussent assurément traversée si elles fussent revenues de leur sommeil, et si elles eussent repris la vie sensuelle dont l'âme les avait privées auparavant.

CHAPITRE 16

On découvre, en exposant le premier vers, comment l'âme marche sûrement dans cette obscurité.

Étant assurée, je suis sortie dans l'obscurité.

L'obscurité dont l'âme parle en cet endroit, regarde les passions et les puissances sensitives, intérieures et spirituelles. Pendant cette nuit elles souffrent quelque obscurité en leur lumière naturelle, afin qu'étant purifiées, elles soient éclairées d'une lumière surnaturelle. Pour prouver cette vérité par le détail des choses qui se passent, il faut se souvenir que les passions et les puissances matérielles ou spirituelles sont mortifiées au point de ne pouvoir plus goûter avec agrément aucune chose, ni divine, ni humaine. Les affections de l'âme sont étouffées, et n'ont plus ni de mouvements vers aucun objet, ni de fondement pour s'appuyer. L'imagination est liée et ne saurait former aucune image pour contribuer au raisonnement. La mémoire paraît éteinte et ne se souvient de rien ; l'entendement est rempli de ténèbres et vide de connaissances ; la volonté est aride, serrée de tous côtés, comme morte et sans force. Toutes les puissances sont dépouillées et comme réduites à rien. Enfin un nuage épais et pesant tombe sur l'âme, l'environne, la presse, la met à l'étroit, et semble la séparer tout à fait de Dieu.

C'est de cette manière qu'elle marche dans l'obscurité et qu'elle poursuit son chemin avec sûreté et sans crainte. La cause de cette sûreté est, qu'elle s'est affranchie des obstacles de ses puissances et de ses sens. Car c'est ordinairement ou ses passions, ou ses satisfactions sensuelles, ou ses discours, ou ses connaissances, qui l'engagent dans l'égarement, dans l'excès ou dans les défauts, ou dans le changement, ou qui lui donnent du penchant aux choses qu'il n'est si pas expédient de faire. S'étant ainsi délivrée, et de soi-même et de ses propres dérèglements, elle se garantit ensuite du monde et du démon, auxquels toutes ses opérations ne donnent plus d'armes pour lui faire la guerre.

Il suit de là que l'âme a d'autant plus de sûreté, qu'elle est plus dénuée de ses opérations naturelles. Car, comme, selon le prophète Osée, *la perte des Israélites venait d'eux-mêmes, et qu'ils ne pouvaient tirer du secours que de Dieu* (*Ose*, XIII, 9), de même la ruine de l'âme prend son origine d'elle-même et de ses passions déréglées, et Dieu seul est l'auteur et la source de tous les biens qu'elle peut posséder. C'est pourquoi elle est déchargée de ces fardeaux ; elle marche avec plus de facilité par les voies de Dieu ; elle ne court aucun risque de se perdre ; elle travaille efficacement à son salut, puisqu'elle acquiert et pratique les vertus les plus éminentes.

Donc, ô homme spirituel, quand vous verrez que votre appétit est plein d'obscurité à l'égard des choses intérieures ; que vos affections sont sèches, resserrées et stériles ; que vos puissances ne sont pas propres aux exercices de l'esprit, ne vous, affligez nullement, mais persuadez-vous, ce qui est vrai, que vous jouissez d'un grand bonheur. Dieu, en retirant vos puissances de votre disposition, vous délivre de vous-même : vous eussiez bien pu en user avec quelque avantage, mais leur impureté et leur bassesse vous eussent empêché d'opérer avec autant de perfection que vous opérez, tandis que Dieu vous conduit comme un aveugle au terme où jamais la vivacité de vos yeux, ni la fermeté de vos pieds n'eussent pu vous mener, quelque bon usage que vous en eussiez pu faire.

La raison pour laquelle l'âme marche plus sûrement dans les ténèbres, et fait plus de profit en la vie spirituelle, c'est qu'elle avance ordinairement en la vertu par la voie qu'elle croit la moins propre, et où elle appréhende même de se perdre. Elle n'a point l'expérience de ces nouvelles routes, qui la conduisent dans l'obscurité, et qui l'écartent de ses premières opérations. Elle est semblable à un voyageur qui va, sur le rapport des autres, par des chemins inconnus, et qui n'en pouvait prendre d'autres pour arriver à son terme sans s'égarer. De même l'âme suit cette route obscure, et parvient enfin à son but sans péril, parce que Dieu est alors son guide, tellement qu'elle a sujet de dire qu'*elle est sûre au milieu des ténèbres*.

La seconde cause de cette sûreté est la peine que l'âme endure. Le chemin des souffrances est plus sûr et plus utile que l'action et que la jouissance des consolations et des biens spirituels. Premièrement, parce que l'âme, en souffrant, reçoit des forces divines ; en agissant et en goûtant des délices intérieures, elle se sert de ses faiblesses pour agir. Secondement, elle pratique les vertus lorsqu'elle est chargée de croix, et elle devient plus pure, plus sage et plus avisée.

Mais la troisième et la principale cause de cette sûreté

est tirée de la lumière et de la sagesse obscure qui conduit l'âme dans les ténèbres. En effet, cette nuit ténébreuse absorbe tellement l'âme et la met si proche de Dieu, que Dieu la protège lui-même et la délivre de tout ce qui n'est pas Dieu. Pour mieux expliquer ce qui se passe en cet état, on peut comparer l'âme à un malade. Comme ceux qui le gouvernent le tiennent dans une chambre reculée et bien fermée, de peur que le bruit de la rue ou des domestiques ne l'incommode, et que le grand air ou la lumière trop vive ne le blesse ; comme ils lui donnent des aliments délicats et nourrissants, quoique peu agréables au goût : de même Dieu éloigne l'âme du bruit des créatures ; il l'empêche d'entendre ses domestiques, c'est-à-dire ses passions ; il la prive du grand jour et l'enferme dans l'obscurité ; il lui fournit une nourriture délicate et substantielle, mais qui ne flatte pas le goût, et qui lui donne beaucoup de dégoût des choses créées. C'est par ce traitement qu'il lui rétablit la santé, c'est-à-dire qu'il se communique à elle, lui qui est sa santé et ses forces.

Cette obscure contemplation confère à l'âme toutes ses qualités, parce qu'elle est plus proche de Dieu. Aussi, comme celui qui serait proche du soleil ne pourrait voir, à cause de la faiblesse de ses yeux et de l'éclat excessif du soleil, de même l'âme qui est proche de Dieu ne semble rien voir ; elle tombe dans une grande obscurité, à cause de son imperfection et de la splendeur infinie de son Créateur, tant la lumière spirituelle de Dieu est immense et surpasse la portée de l'entendement humain. C'est pourquoi le prophète-roi dit que *Dieu se cache dans des nuées obscures, que ces nuées lui servent de pavillon, et qu'elles sont épaisses et noires, comme elles paraissent lorsqu'elles sont chargées d'eau prête à fondre sur la terre* (*Psal.*, XVII, 12, 13). Ces nuées ténébreuses représentent la contemplation obscure et la sagesse divine qui occupent l'âme, qui la couvrent et l'obscurcissent, étant comme elle est tout proche de Dieu, lequel demeure dans ce pavillon ou dans ces ténèbres, selon l'expression de David. Ainsi la plus grande lumière de Dieu fait la plus grande obscurité de l'homme. C'est pourquoi le prophète ajoute, dans le même endroit (*Psal.*, XVII, 14), que *les nuées se sont fondues et dissipées en sa présence, à cause de sa clarté infiniment brillante.* C'est-à-dire que l'entendement humain est si faible devant les splendeurs de Dieu, que toutes ses lumières naturelles, comme parle Isaïe, ne sont que ténèbres (*Isa.*, V, 30).

Oh ! que nous sommes misérables en cette vie ! à peine pouvons-nous connaître la vérité, puisque ce qui est le plus clair et le plus certain nous parait le plus obscur et le plus douloureux, et que nous le fuyons quoiqu'il nous soit très-utile. Au contraire, nous poursuivons avec chaleur, et nous embrassons avec plaisir ce qui nous frappe les yeux du corps et ce qui contente l'esprit, quoiqu'il nous soit dommageable, et qu'il nous lasse tomber à chaque pas. Oh ! quelle crainte l'homme doit-il avoir, et en quel danger se trouve-t-il puisque sa lumière naturelle le trompe et l'empêche souvent d'aller à Dieu ! Il doit donc fermer les yeux pour voir le chemin par lequel il faut aller ; il doit marcher dans l'obscurité pour se défendre de ses ennemis domestiques, qui sont ses sens et ses puissances. Enfin l'âme est heureusement couverte de cette nuée ténébreuse qui est autour de Dieu, et qui le cache.

C'est de ces personnes que le même prophète parle : *Vous les mettrez à couvert,* dit-il, *en vous-même et devant votre face, contre tout ce que les hommes peuvent faire pour les troubler. Vous les protégerez, dans le lieu où vous demeurez, contre les paroles et les contradictions des médisants* (*Psal.*, XXX, 20, 21.). Il veut dire que Dieu les fortifie, par la contemplation obscure, contre les attaques des hommes et contre les impressions des sens.

Une autre raison pour laquelle l'âme marche avec assurance en cette obscurité est prise de la force qu'elle reçoit de ces nuées ténébreuses qui lui cachent son Créateur. Car, quoiqu'il y ait des ténèbres, elle voit bien néanmoins au travers qu'elle ne veut rien faire qui offense le Seigneur, et qu'elle ne veut rien omettre de tout ce qui procure de la gloire à Dieu. Son amour pour lui la sollicite secrètement à lui plaire, et la détourne de toutes les occasions de mériter son indignation. Ayant enfin étouffé ses passions et détaché ses puissances de tous les objets créés, elle sort d'elle-même, elle ne s'applique qu'à Dieu, et parvient à l'union de l'amour divin.

CHAPITRE 17

On fait connaître, dans la déclaration du second vers, comment cette obscure contemplation est secrète.

Etant déguisée, je suis sortie par un degré secret,

Il est nécessaire, pour l'intelligence des trois mots qui sont compris en ce vers, d'expliquer trois propriétés qui les regardent. Les deux premiers, qui sont *degré* ou *échelle*, appartiennent à la nuit obscure de la contemplation dont nous parlons ; le dernier, qui est déguisée, se rapporte à la manière dont l'âme se conduit en cette nuit.

L'âme appelle la contemplation obscure par laquelle elle sort pour aller à l'union de l'amour, *degré secret*, à cause de deux propriétés qui s'y trouvent. Car, en premier lieu, elle donne le nom de contemplation secrète à cette contemplation ténébreuse, parce que c'est la théologie mystique que les docteurs appellent sagesse secrète, laquelle, selon la doctrine de saint Thomas, est communiquée particulièrement et infuse à l'âme par la voie de l'amour divin, sans le secours des opérations naturelles de son entendement et de ses autres puissances. On la nomme *secrète*, parce que le Saint-Esprit la verse dans l'âme, comme l'épouse sacrée le dit dans les *Cantiques*, de telle sorte que l'âme même ne connaît pas comment se fait cette infusion. Et en effet, ni elle, ni quelque autre que ce soit, ni le démon même ne comprend ce mystère. Car le Maître divin qui instruit l'âme demeure dans elle et y opère secrètement. On l'appelle encore secrète, à cause des effets qu'elle produit en l'âme. Non-seulement elle est secrète quand elle purifie l'âme pendant que les ténèbres couvrent l'âme, laquelle ignore ce qui se passe en elle, mais aussi tandis qu'elle est répandue dans l'âme et qu'elle l'éclaire. Elle lui est si cachée, que l'âme ne la peut apercevoir, et qu'elle ne trouve point de termes pour l'expliquer. Car, outre qu'elle n'en veut pas donner connaissance, elle n'a nul moyen de faire concevoir une sagesse si sublime, et un sentiment spirituel si délicat. Tous les raisonnements et toutes les comparaisons qu'elle pourrait faire ne sont pas capables de la contenter sur ce sujet. De sorte que cette contemplation est toujours secrète et inconnue. Cette sagesse divine est si simple et si spirituelle, que, n'entrant point dans l'entendement revêtue d'images ou d'espèces sensibles, l'imagination et le sens ne peuvent la représenter. Néanmoins l'âme la goûte et la connaît en quelque manière ; mais les paroles lui manquent pour la développer. Aussi est-ce le propre du langage dont Dieu se sert, que plus il est intérieur, spirituel et élevé au-dessus des sens, plus il fait cesser les opérations de l'imagination, de l'esprit et des autres puissances de l'homme. Nous en avons des preuves et des exemples dans les divines Écritures. Après que Dieu eut parlé à Jérémie, ce prophète ne put lui répondre, sinon : *A, a, a, Seigneur* (*Jerem.*, I, 6). Moïse ne put aussi parler lorsque Dieu lui apparut dans le buisson ardent ; il fut même si effrayé, que, comme saint Lucie rapporte dans les *Actes des Apôtres*, il n'osa regarder attentivement ce feu (*Exod.*, IV, 10). Cette impuissance de l'âme vient de ce que Dieu lui parle dans la contemplation obscure ; et comme il parle à l'âme, qui est tout esprit sans matière, les sens ne peuvent ni connaître ni exprimer cette parole intérieure et spirituelle.

Nous pouvons apprendre de là pourquoi certaines personnes que Dieu conduit par cette voie, mais qui sont d'un naturel doux et timide, ne peuvent rendre compte à leurs directeurs de leur intérieur, quelque désir qu'elles en aient ; elles y ont même beaucoup de répugnance, surtout lorsque leur contemplation est simple et presque imperceptible à l'âme. Tout ce qu'elles peuvent dire, c'est qu'elles sont contentes et tranquilles ; qu'elles sentent Dieu en elles-mêmes ; que les choses, selon leur sentiment, se passent dans leur intérieur comme elles le souhaitent. Néanmoins, lorsque les choses que l'âme reçoit sont particulières, comme les visions, les goûts et les autres, et qu'elles sont représentées sous quelques images sensibles, les sens en peuvent avoir quelque connaissance, et l'âme peut trouver des expressions et des comparaisons pour les déclarer. Mais on ne saurait expliquer la contemplation pure et infuse ; et pour cette cause on l'appelle secrète, cachée et inconnue.

Ce nom lui est aussi donné, parce que c'est le propre de la sagesse mystique de cacher en elle-même l'âme, de l'absorber, de l'ensevelir dans le fond de ses abîmes, de telle sorte que l'âme voit bien qu'elle est éloignée et délaissée de toutes les créatures, comme si elle était dans une grande solitude et dans un vaste désert ou personne ne peut avoir accès. Ce qui lui est d'autant plus agréable, qu'elle se dérobe plus facilement aux yeux de tout le monde. Et c'est alors que la sagesse divine l'élève davantage au-dessus des créatures, et l'éclaire avec plus de profusion des lumières et de la science de l'amour de Dieu. Alors l'âme est convaincue de la bassesse des choses créées, surtout à l'égard de cette divine sagesse. Elle est persuadée que toutes les manières de parler les plus étudiées et les plus nobles n'ont aucune proportion avec les choses divines pour les exprimer, et que quelque moyen qu'on emploie pour nous en former une juste idée, on ne peut réussir sans le secours de la théologie mystique. Ce qui l'oblige à dire que cette science est fort cachée et fort secrète.

Au reste, la contemplation a cette propriété, non-seulement parce qu'elle est surnaturelle, mais encore parce qu'elle conduit l'âme à la parfaite union de Dieu, laquelle étant inconnue aux hommes, on n'y va qu'en ignorant où l'on va et comment on y va. Car, parlant dans le sens des mystiques, on n'a point la connaissance de ces choses telles qu'elles sont, pendant qu'on les cherche ; mais on les entend lorsqu'on les a trouvées et qu'on en a l'usage. C'est pourquoi *personne*, dit le prophète Baruch, *ne peut connaître ses voies ; personne aussi ne cherche ses routes* (*Baruch.*, III, 31). Et David parlant à Dieu de ce chemin : *Vos éclairs*, dit-il, *ont paru sur la terre, qui en a été tout ébranlée. Vous avez marché dans la mer et par les eaux les plus profondes, et on ne verra pas vos traces ni les vestiges de vos pieds* (*Psal.*, LXXVI, 19, 20). Toutes ces choses conviennent dans un sens spirituel au sujet que nous traitons. La lueur des éclairs de Dieu, lesquels brillent sur la terre, représente la lumière que cette contemplation divine répand sur les puissances de l'âme. Le mouvement de la terre signifie la purgation qu'elle fait de l'âme, qui ne la peut souffrir qu'avec douleur. Le passage de Dieu par les eaux, et ses vestiges qu'on ne saurait voir, expriment le chemin inconnu aux sens, par lequel l'âme va vers Dieu. Le saint homme Job avait aussi déclaré cette vérité en ces termes : *Avez-vous remarqué le chemin des nuées ? Avez-vous acquis la connaissance des sciences parfaites que j'enseigne* (*Job.*, XXXVII, 16) ? Ces expressions nous font comprendre les voies par lesquelles Dieu conduit l'âme à une élévation extraordinaire et à une sagesse accomplie, qui sont figurées par les nuées. Il est donc constant que cette contemplation qui mène l'âme à Dieu, est très-obscure et très-secrète.

CHAPITRE 18

De quelle manière cette sagesse secrète est aussi un degré par lequel l'âme monte vers Dieu.

Nous pouvons dire que cette sagesse secrète est aussi le degré de l'âme, pour plusieurs raisons. La première est, parce que comme on peut monter par un degré dans une chambre haute pour y entrer et pour y prendre les trésors qu'on y garde, de même l'âme monte au ciel par cette contemplation, pour s'enrichir des biens surnaturels et des trésors spirituels de son Créateur. Le prophète-roi explique clairement ces communications et ces progrès : *Heureux est l'homme qui attend de vous son secours : il a disposé en son cœur les degrés par lesquels il veut monter jusqu'à vous dans cette vallée de larmes, dans le lieu qu'il s'est établi à lui-même. Le seigneur, qui lui a prescrit des lois, lui donnera sa grâce et sa bénédiction pour les observer. Il ira de vertu en vertu, jusqu'à ce qu'il soit arrivé à la sainte Sion, où il verra le Dieu des anges et de toutes les créatures (Psal. LXXXIII, 6, 7, 8,).* C'est là qu'il trouvera des trésors infinis, je veux dire la félicité éternelle.

La seconde raison, c'est que comme le degré sert à monter et à descendre, ainsi la même contemplation élève l'âme vers Dieu et l'abaisse vers elle-même. Car c'est le propre des communications divines de faire en l'âme cette élévation et cet abaissement. De sorte que monter en cette voie, c'est descendre, et descendre, c'est monter, puisque, selon l'oracle divin, *celui qui s'abaisse sera élevé, et celui qui s'élève sera abaissé* (*Matth.*, XXIII, 12).

La troisième, c'est que comme on fait des démarches différentes en montant et en descendant par un degré, de même l'âme fait en ce chemin des démarches différentes et inégales. Tantôt elle marche par la douceur, par la paix et par la prospérité ; tantôt elle va par l'amertume, par les orages et par les traverses. Mais il faut remarquer qu'elle ne jouit de la tranquillité que pour se disposer à supporter courageusement la tempête, et qu'elle n'est battue de l'orage que pour entrer dans un calme délicieux. Ces changements sont ordinaires aux contemplatifs ; ils montent souvent à ce qu'il y a de plus sublime en la vie spirituelle, et souvent ils descendent à ce qui s'y trouve de plus bas ; et de cette manière ils ne demeurent presque jamais en un même état, jusqu'à ce qu'ils soient confirmés dans un repos parfait et inaltérable. La cause de ces vicissitudes vient de deux sources : du parfait amour de Dieu, et du mépris sincère que l'âme fait d'elle-même. Elle aime Dieu, et c'est ce qui l'élève en haut ; elle connaît sa bassesse, elle se méprise, et c'est ce qui l'abaisse. Mais, lorsqu'elle a acquis dans la dernière perfection l'habitude de l'amour divin, les divers degrés d'élévation et d'abaissement cessent, parce qu'elle est arrivée au terme qu'elle désirait, et à l'union de Dieu, qui est au haut de cette échelle mystique. L'échelle que Jacob vit en dormant est une figure de celle-ci. *Comme les anges y montaient jusqu'à Dieu, et descendaient jusqu'aux hommes*, de même l'âme s'élève vers Dieu par l'échelle de la contemplation, et retombe quelquefois jusque sur la terre. Mais tout cela se fait la nuit, pour nous apprendre que l'âme s'avance vers Dieu par ce chemin pendant la nuit de la contemplation. Ceci paraît évidemment par les sentiments de l'âme, qui sont des preuves claires de ses ténèbres. Car lorsqu'une chose lui est utile, telle que son anéantissement devant Dieu, elle croit que c'est sa perte ; et, lorsqu'elle lui est fructueuse, elle s'imagine qu'elle n'en tire aucun profit. Ainsi elle se persuade que la dévotion sensible et les consolations lui sont avantageuses, quoique en effet elles soient contraires à son avancement spirituel.

La quatrième raison pour laquelle la contemplation est la montée de l'âme, c'est qu'elle renferme la science de l'amour divin. Cette science est, à proprement parler, la connaissance de Dieu infuse et affectueuse, qui éclaire l'âme et qui l'enflamme jusqu'à ce qu'elle parvienne par degrés à son Créateur, puisque c'est l'amour seul qui l'unit à Dieu. Afin qu'on puisse voir ces choses plus distinctement, nous marquerons les échelons de cette échelle sacrée, en rapportant en détail les effets et le caractère de chaque échelon, afin que l'âme puisse conjecturer de là en quel degré elle se trouve. Mais, comme il est naturellement impossible de les connaître, et que Dieu seul nous les peut mettre devant les yeux, je me contenterai, avec saint Bernard et saint Thomas, de dire quels effets ils produisent dans l'âme, et comment ils l'élèvent vers Dieu.

CHAPITRE 19

Explication des dix échelons de l'échelle mystique de l'amour divin. On commence par les cinq premiers.

Le premier des dix échelons qui composent l'échelle de l'amour de Dieu, consiste à affaiblir l'âme en elle-même, comme l'éprouvait l'Epouse sacrée, lorsqu'elle disait : *Je vous conjure, filles de Jérusalem, si vous trouvez mon bien-aimé, de lui dire que je languis d'amour* (*Cant.*, III, 8). Mais cette langueur n'est pas mortelle ; cette âme sainte ne la souffre que pour la gloire de Dieu. Car c'est cette maladie spirituelle qui la fait mourir au péché et à tout ce qui n'est pas Dieu, et qui l'enflamme de l'amour divin. C'est de quoi David parle : *Mon esprit*, dit-il, *est mort à toutes les créatures, et mon âme ne cherche que vous, ô mon salut et mon secours* (*Psal.*, CXLII, 7 ; CXVIII, 81). En effet, comme un malade perd le goût et l'appétit des viandes, et change de visage ; de même, lorsque l'âme est atteinte de cet amour, elle n'a plus ni goût ni appétit pour les choses créées ; elle change de couleur et de visage comme un amant transporté de sa passion. Cette infirmité nuit à l'âme que quand elle reçoit d'en haut cette excessive chaleur que je puis appeler en quelque façon une fièvre spirituelle et mystique et que le prophète exprime en ces termes : *Mon Dieu, vous ferez tomber la pluie sur l'âme qui est votre héritage, et elle en sera infirme et malade ; mais vous la perfectionnerez par ce moyen* (*Psal.* LXVII, 10*)*.

De là elle passe au second échelon ou au second degré, cherchant Dieu sans interruption. C'est pourquoi l'épouse, ayant dit que la nuit elle avait cherché son bien-aimé et qu'elle ne l'avait pas trouvé ajoute : *Je me lèverai et je chercherai celui que j'aime* (*Cant.*, III, 2), pour nous insinuer que l'âme doit le chercher sans cesse, selon le conseil que le prophète lui donne : *Cherchez le Seigneur, cherchez toujours sa face* (*Ps.*, CIV, 4), et ne cessez jamais de le chercher parmi les créatures, que vous ne l'avez trouvé. Ainsi l'épouse en ayant demandé des nouvelles aux gardes de la ville, les quitta et passa plus outre.

Ainsi Marie-Madeleine ne s'arrêta pas aux anges qui gardaient le sépulcre de son Sauveur ; mais elle continua de faire ses diligences pour savoir où il était.

Ce degré d'amour inspire à l'âme des soins si empressés pour son Dieu, qu'elle le cherche partout, et que toutes ses pensées, toutes ses paroles, toutes ses actions ne tendent qu'à lui : soit qu'elle mange, soit qu'elle se dispose à prendre le repos du sommeil, soit qu'elle soit éveillée, soit qu'elle forme quelque dessein et quelque entreprise, elle ne songe, elle ne s'applique qu'à l'objet de son amour. Mais, parce qu'elle reprend ses forces dans ce second degré d'amour, elle monte ensuite jusqu'au troisième échelon.

Ce troisième degré la fait opérer avec courage, et l'anime d'une chaleur vive et consolante, qui l'empêche de se lasser en ses poursuites et de les abandonner. David en parlait, quand il disait que *bienheureux est l'homme qui craint le Seigneur, car, il désirera avec une ardeur extraordinaire d'accomplir ses commandements* (*Psal.*, CXI, 1). Or, si la crainte filiale et respectueuse que l'amour engendre dans l'âme, allume en elle un si violent désir, que ne fera pas l'amour même avec toute la vivacité de ses flammes ? Aussi l'âme, quelques grandes actions qu'elle fasse pour l'amour de son bien-aimé, les estime très-petites ; et quelque long temps qu'elle consume en son service, il ne lui parait qu'un moment, tant elle est embrasée d'amour. Jacob était dévoré d'un semblable feu pour Rachel, lorsqu'il ne regardait sept années de service que comme un petit nombre de jours, et qu'il servit encore sept ans pour répondre à la grandeur de son amour (*Genes.*, XXIX, 20). Mais, si l'amour de la créature a été si puissant sur le cœur de ce patriarche, que ne pourra pas obtenir de l'âme l'amour du Créateur ? L'amour excessif qu'elle a pour lui l'a fait cruellement souffrir de ce que, selon son sens, elle fait si peu de choses pour sa gloire : ce lui serait même une consolation très-douce de mourir mille fois pour lui, s'il lui était possible, et si elle en avait la permission. Quoi qu'elle fasse pour Dieu, elle se regarde comme inutile, et comme la plus méchante et la plus vile de toutes les créatures, soit parce que l'amour lui découvre les grandeurs de Dieu et l'honneur qu'il mérite, soit parce qu'elle remarque de grands défauts en ses œuvres, et une manière d'agir très-basse et très-indigne de la majesté divine. Ce qui la couvre de confusion, l'accable de peines, et l'éloigne de la vaine gloire, de la présomption et des jugements désavantageux à son prochain. Ce troisième degré d'amour fait tous ces effets dans l'âme avec plusieurs autres de même nature, qui la rendent plus forte pour s'élever au quatrième échelon. Car...

Le quatrième degré est une source de souffrances, que l'âme supporte pour son bien-aimé, sans se lasser, avec générosité et avec persévérance. L'amour, dit saint Augustin, rend léger tout ce qui est pesant, et agréable tout ce qui est fâcheux. En effet, *l'amour est ici aussi fort que la mort ; et le désir qu'il a de posséder son objet, a plus de force que le tombeau* (Cant., VIII, 6). De là vient que l'esprit est le maître de la chair ; il la tient parfaitement assujettie à ses lois ; il n'en fait pas plus de compte, qu'un arbre ne se met en peine de perdre une de ses feuilles. Elle ne se propose plus ni consolation ni goût, soit en Dieu, soit en la créature ; elle ne demande pas les dons du ciel en cette vie. Elle rapporte ses pensées, ses desseins, ses soins au seul point de faire le bon plaisir de Dieu, à cause de ses mérites infinis et de ses bienfaits. Elle lui dit en son cœur : Hélas ! mon Dieu, mon Seigneur, combien y a-t-il de gens qui n'envisagent en votre service que les délices spirituelles, et qui vous prient de les combler de vos dons ? Combien peu s'en trouve-t-il qui méprisent leurs propres commodités pour vous servir sans intérêt et à leurs dépens ? A la vérité, mon Dieu, vous avez toujours la volonté de répandre vos biens sur nous ; mais nous n'en usons pas comme nous devons, et c'est pour cela que nous perdons cœur, et que nous ne vous partageons pas, par un saint usage, à nous faire sentir sans interruption vos largesses.

Ce degré d'amour est fort sublime ; car l'âme est portée sans cesse vers Dieu par un véritable amour, et par un sincère désir d'être chargée de croix pour lui. Néanmoins la bonté divine récompense souvent ses souffrances d'une joie délicieuse, l'amour extrême de Jésus-Christ pour ses épouses ne pouvant les voir dans les afflictions sans les secourir. *Je me suis souvenu de vous*, dit-il *dans les prophéties de Jérémie, et j'ai eu compassion de votre jeunesse, lorsque vous m'avez suivi dans le désert* (*Jerem.*, II ; 2). Ce désert, pris dans un sens spirituel, ne signifie autre chose que la séparation de l'âme d'avec les créatures.

Le cinquième échelon imprime à l'âme une sainte impatience et des désirs véhéments de posséder Dieu ; tellement que le moindre retard lui parait long et difficile à supporter : elle s'imagine toujours qu'elle va trouver son bien-aimé à chaque pas qu'elle fait. Mais lorsqu'elle voit que ses espérances sont vaines, elle tombe en défaillance et en langueur, selon le langage du roi-prophète (*Psal.*, LXXXIII, 1). Dans ce degré d'amour, il faut que l'âme possède son bien-aimé, ou qu'elle souffre les agonies de la mort, comme Rachel que le désir d'avoir des enfants réduisait à cette extrémité (*Genes.*, XXX, 2). L'âme n'a faim et soif que d'amour, ne se nourrit et ne se rassasie que d'amour ; et c'est ce qui la conduit au sixième échelon de l'amour de Dieu.

CHAPITRE 20

Les effets des cinq derniers degrés de l'amour divin.

Le sixième degré de l'amour fait courir très-vite l'âme vers Dieu ; et son espérance, soutenue des ailes de l'amour, y vole avec force et avec rapidité. *Car ceux qui espèrent dans le Seigneur*, dit Isaïe en parlant de ce degré, *changeront de force ; ils prendront des ailes comme des aigles ; ils courront, ils voleront sans peine, ils avanceront sans cesse* (*Isa.*, XL, 3). Parce que, comme parle un prophète, *mon âme, ô mon Dieu, désire d'arriver jusqu'à vous de la même manière que le cerf brûlant de soif désire les eaux vives des fontaines* (*Psal.*, XLI, 2). La cause de l'agilité et de la vitesse que l'âme acquiert dans ce degré d'amour, n'est autre que l'étendue de sa charité, et la parfaite pureté que Dieu lui a communiquée en la faisant passer par ces épreuves. Ainsi elle peut dire à Dieu avec David : *N'étant plus souillée de mes péchés, j'ai couru vers vous, ô mon Dieu, et j'ai marché avec promptitude et avec facilité par la voie de vos commandements, lorsque vous m'avez dilaté le cœur* (*Psal.* LVIII, 5).

Le septième degré de cette montée donne à l'âme de la hardiesse, du courage et de la véhémence en ses entreprises. Cette véhémence l'empêche de suivre les règles du jugement, quand il faut attendre les réponses qu'elle souhaite, et prendre conseil quand il faut changer de dessein : la honte même et la pudeur ne sont pas capables d'arrêter l'exécution de ses projets. Car les faveurs que Dieu lui fait, et l'amour qu'il lui témoigne, la rendent intrépide et ardente en ses actions. Moïse pratiquait les maximes de ce degré, lorsqu'il disait à Dieu avec beaucoup de hardiesse : *Ou pardonnez-leur ce crime, ou effacez-moi du livre que vous avez écrit* (*Exod.*, XXXII, 31, 32.). Cependant ces gens-là impètrent de Dieu tout ce qu'ils lui demandent, en ne recherchant que sa sainte volonté. *Mettez tout votre plaisir en Dieu, et il vous accordera les demandes de votre cœur* (*Psal.*, XXXVI, 4). L'épouse même a osé dire : *Qu'il me donne un baiser de sa bouche* (*Cant.*, I, 1). Mais il faut prendre garde que l'âme ne doit pas user de cette familiarité avec Dieu, à moins qu'elle n'ait une inspiration particulière qui lui persuade que Dieu veut la favoriser, comme Assuérus favorisa la reine Esther en lui donnant son sceptre à baiser. Si elle ne sentait pas ce mouvement intérieur, elle se mettrait en danger de tomber du haut des degrés où elle est montée ; elle ne pourrait même conserver l'humilité ni le respect pour Dieu, qu'elle doit avoir en toutes choses. Cette liberté avec Dieu la dispose au...

Huitième degré, dont le propre est d'engager l'âme à embrasser Dieu, et à s'attacher inséparablement à lui, comme le dit d'elle-même la sainte épouse : *J'ai trouvé celui que j'aime ; je l'ai pris, et je ne le quitterai jamais*

(*Cant.*, III, 4). Dans ce degré d'union, l'âme remplit tous ses désirs : il s'y glisse néanmoins de l'interruption, puisque quelques-uns de ceux qui sont parvenus à ce terme, s'en retirent incontinent. En effet, s'ils y persévéraient, ils jouiraient en quelque manière dès cette vie de la gloire des bienheureux. Aussi est-il véritable que l'âme demeure très-peu de temps en cet état. Ce fut la récompense que Dieu donna autrefois au prophète Daniel : *Persistez en votre degré*, lui dit-on, *parce que vous êtes un homme de désirs* (*Dan.*, X, 11).

Le neuvième degré d'amour, qui est le degré des parfaits, conduit l'âme à une ardeur pleine de délices spirituelles. C'est le Saint-Esprit qui l'allume dans le cœur, à cause de l'union de l'âme avec Dieu. Les apôtres en furent embrasés, comme remarque saint Grégoire, lorsque ce divin Esprit descendit visiblement sur eux. Pour les biens surnaturels dont l'âme est alors enrichie, il est impossible de les comprendre ; et, quelques livres qu'on pût faire pour les expliquer, il en resterait beaucoup plus à dire.

Le dixième et le dernier degré n'est pas de la vie présente, mais de la vie future. L'âme y devient semblable à Dieu, par la claire vue qu'elle en a lorsqu'elle est délivrée de son corps. Notre Sauveur lui permet cette félicité, quand il dit : *Bienheureux sont ceux qui ont le cœur pur et net, parce qu'ils verront Dieu* (*Matth.*, V, 8). Saint Jean nous assure aussi que la vision béatifique de Dieu est la cause de cette ressemblance : *Nous savons*, dit-il, *que, quand il se découvrira visiblement, nous lui ressemblerons, parce que nous le verrons tel qu'il est* (I *Joan.*, III, 2).

Voilà donc cette montée secrète dont l'âme parle en son cantique. Il est vrai pourtant qu'elle ne lui est pas tout à fait cachée ; l'amour la lui découvre dans les degrés que nous venons de déduire, par les admirables effets qu'il y produit. Et c'est de cette manière qu'elle sort d'elle-même et des choses passagères, et qu'elle monte à Dieu par cet amour secret qui l'élève toujours vers le Ciel, comme le feu tend toujours en haut vers sa sphère et son centre naturel.

CHAPITRE 21

On explique ces paroles, l'âme déguisée, et on met devant les yeux les différentes couleurs qu'elle prend, lorsque, pendant cette nuit obscure, elle passe par plusieurs changements.

Après avoir apporté les raisons pour lesquelles la contemplation s'appelle secrète et montée, il reste à dire pourquoi l'âme est *déguisée*. On comprendra facilement ce mystère, si on fait réflexion que se déguiser, c'est se couvrir d'habits et d'ornements étrangers, de sorte qu'on ne soit connu de personne. La fin qu'on se peut proposer est, ou de plaire à ceux qu'on aime, ou de se dérober à la connaissance de ses ennemis ; et on espère exécuter par ce moyen son entreprise avec plus de liberté et de succès. Suivant ces desseins, chacun prend les vêtements et les couleurs qui peuvent ou marquer les affections de son cœur, ou le cacher à ses adversaires. Lorsque l'âme est touchée de l'amour de Jésus-Christ, et qu'elle veut s'attirer sa bienveillance, elle se déguise pour sortir de sa maison, pour se soustraire à la vue de ses ennemis, qui sont le monde, la chair et le démon, pour déclarer son amour à son bien-aimé, et pour mériter l'amour réciproque de son époux. Selon ce projet, l'habit dont elle use a trois couleurs différentes, le blanc, le vert et le rouge, qui sont les symboles des trois vertus théologales, la foi, l'espérance et la charité. Ces vertus lui procurent les bonnes grâces de Notre-Seigneur, et la mettent à couvert des attaques de ses adversaires.

En effet, la foi est une espèce de vêtement intérieur d'une blancheur si fine, que l'entendement n'a pas la vue assez forte pour la voir et pour en soutenir l'éclat. Ainsi, quand l'âme en est couverte, le malin esprit ne peut ni la voir ni l'attaquer. C'est pourquoi saint Pierre nous avertit de lui opposer le bouclier de la foi, pour repousser ses attaques. *Résistez-lui*, nous dit-il, *en vous tenant fermes en la foi* (I *Petr.* V, 8,9).

Quant à l'amour et à l'union de Dieu, l'âme n'a rien de plus propre, pour y parvenir, que la foi et la blancheur dont elle, orne l'âme (*Heb.*, XI, 6). C'est le principe et le fondement des autres vertus, puisqu'*il est impossible*, selon la doctrine de l'Apôtre, *d'être agréable à Dieu sans elle* (*Osée*, II, 20). Mais lorsque l'âme en est revêtue, elle lui plaît de telle sorte, que, comme parle le prophète Osée, il l'épouse et lui octroie l'union spirituelle de la majesté divine. Cette foi pure et candide spécialement, lorsque l'âme a passé par les ténèbres de la nuit obscure, sans recevoir aucune lumière ni de son esprit, ni autres puissances, et lorsqu'elle a essuyé des épines affreuses sans autre appui que celui d'une loi simple et constante. Tellement qu'elle peut dire avec David : *La créance que j'ai donnée à vos paroles, m'a fait courir une carrière très-dure et très-fâcheuse* (*Psal.*, XVI, 4).

L'âme ajoute à cette foi l'espérance, qui est représentée par la couleur verte. Elle s'en couvre pour se défendre du monde, son second adversaire. Cette vertu l'encourage de telle sorte, et la porte à la recherche de la vie éternelle avec tant de vivacité, que tout l'univers ne lui paraît qu'une bagatelle de nulle valeur, en comparaison de ce qu'elle espère. Aussi elle se dépouille de tout ce que la terre a de plus riche et de plus beau, comme d'un habit usé et méprisable, et elle ne s'attache qu'à ce que le ciel lui fait espérer. Elle s'élève si haut au-dessus des créatures, qu'elle les perd toutes de vue. Elle se garantit enfin, sous ce vêtement, des attraits et des pièges du monde. Ce qui donne lieu à saint Paul de dire que *l'espérance du salut est un casque* (*Thessal.*, V, 8). En effet, comme le cas que nous couvre la tête de telle façon, qu'il ne reste que de petites ouvertures pour se conduire, de même l'espérance couvre tellement les sens, qui sont comme la tête de l'âme, qu'elle n'y laisse que de petites ouvertures par lesquelles les yeux de l'esprit regardent les choses d'en haut, sans voir celles qui sont sur la terre. C'était sans doute cette vertu qui tenait *les yeux de David toujours élevés vers Dieu, et les yeux des Israélites toujours attachés sur le Seigneur, comme les yeux d'une servante sont toujours tournés vers sa maîtresse, jusqu'à ce que Dieu fit éclater sur eux sa miséricorde* (*Psal.*, CXXII ; 2).

Comme l'espérance ne regarde que Dieu et ne met son plaisir qu'en lui, elle lui plaît de telle sorte, qu'on peut dire que l'âme impètre de Dieu autant qu'elle espère de lui. Si bien qu'on peut lui appliquer ces paroles du Cantique : *Un seul de vos regards m'a blessé le cœur* (*Cant.*, IV, 9). L'âme ne devait pas sortir sans être accompagnée de l'espérance, pour acquérir l'amour divin. Elle n'eût rien obtenu de Dieu, puisque c'est l'espérance constante et ferme qui le touche et qui le surmonte. L'âme, couverte de cette espérance, a marché par la nuit obscure et secrète, parce qu'elle s'est trouvée si vide de tous biens et de tout appui, qu'elle n'a jeté les yeux pendant son passage que sur Dieu seul.

L'âme joint la couleur rouge aux yeux premières couleurs, pour signifier la charité, qui la conduit à une perfection si éminente, et qui lui communique une beauté si rare, qu'elle peut dire : *Filles de Jérusalem, je suis noire, mais je suis belle. C'est pourquoi le roi m'a aimée et m'a reçue en sa chambre* (Cant., I, 3, 4, 6). Cette charité, non-seulement protège l'âme et la cache à la chair, qui est son troisième ennemi, mais elle donne aussi de la force aux autres vertus pour la défendre, et de la beauté pour être agréable à l'Epoux divin : car sans elle aucune vertu ne plaît au Seigneur. Aussi est-ce là qu'il repose, comme il est remarqué dans les cantiques sacrés. C'est par ce chemin que l'âme se retire des créatures, et qu'elle va jusqu'à l'union de Dieu, toute transportée de l'ardent amour qu'elle a conçu pour son Créateur.

Ces trois vertus disposent l'âme à la parfaite union de Dieu, selon la mémoire, l'entendement et la volonté. La foi prépare l'entendement à s'unir à la sagesse divine, en le dépouillant de ses lumières naturelles. L'espérance prive la mémoire de tout ce qu'elle possède, en lui faisant espérer ce qu'elle n'a pas, et en l'attachant à Dieu, qui peut seul remplir ses attentes. La charité purifie la volonté de toutes ses affections pour les créatures, et l'unit à Dieu par les liens de l'amour. C'est donc un grand bonheur pour l'âme de s'être revêtue de ces vertus, et d'avoir persévéré dans son voyage jusqu'à ce qu'elle soit arrivée à l'union, comme elle l'assure dans le vers suivant.

CHAPITRE 22

Explication du troisième vers du second cantique.

O l'heureuse fortune !

On voit maintenant combien l'âme est heureuse d'avoir évité les embûches et la violence du démon, du monde et de la chair, ses ennemis, et d'avoir obtenu la liberté d'esprit qui est si chère aux bonnes âmes. Elle est montée des choses les plus basses aux plus hautes ; elle est devenue de terrestre toute céleste, et d'humaine toute divine. Elle ne conserve plus que dans le ciel, comme font ceux qui sont parvenus enfin à l'état de perfection et d'immortalité. On peut dire encore que le sort de cette âme a été extrêmement fortuné, non-seulement à cause des biens que nous venons de remarquer, mais aussi parce qu'elle trouve une retraite qui l'affranchit de tous les efforts de ses adversaires, comme elle le dit dans le vers qui suit.

CHAPITRE 23

On donne l'explication du quatrième vers, et on décrit l'admirable retraite de l'âme, où le démon n'a nul accès, quoiqu'il entre en d'autres retraites plus sublimes.

Étant bien cachée dans l'obscurité.

Lorsque l'âme dit qu'elle était très-bien cachée, quand elle est sortie dans l'obscurité de la nuit, elle ne veut que nous faire comprendre la sûreté avec laquelle elle a marché dans la voie de l'union d'amour avec Dieu, tandis que la contemplation obscure l'a conduite. Ces paroles, *dans l'obscurité et bien cachée*, ne signifient donc autre chose, sinon que l'âme a fait sa course sans avoir été découverte par le démon, et sans être tombée dans ses pièges. La raison en est qu'elle a reçu d'une manière passive et secrète une contemplation infuse, sans que les sens intérieurs ni extérieurs de la partie animale y aient en rien contribué. De là vient qu'elle s'est garantie tant des obstacles que la faiblesse de ses puissances lui pouvait apporter, que des impressions de l'esprit malin, qui ne peut connaître ce qui se passe dans la volonté que par les opérations de ces puissances. Ainsi, plus les communications de Dieu sont spirituelles, intérieures et éloignées des sens, moins il peut les découvrir et les pénétrer. C'est pourquoi il est important que le commerce de l'âme avec Dieu se fasse de telle sorte, que les sens n'en aient aucune connaissance ni aucune participation, et cela pour deux raisons : la première, afin que la faiblesse de la partie animale n'empêchant pas la liberté de l'esprit, la communication spirituelle de Dieu se fasse avec des biens plus abondants ; la seconde, afin que le démon ne pouvant entrer dans ces opérations intérieures, l'âme agisse plus sûrement. Sur quoi nous pouvons donner ce sens à ces paroles de Jésus-Christ : *Que votre gauche ne sache pas ce que fait votre droite* (*cant.*, III, 7, 8) ; c'est-à-dire, que votre partie inférieure ne sache pas ce que fait votre partie supérieure, mais que ce soit un secret qui ne soit connu qu'à Dieu et à l'âme. Toutefois, lorsque cet esprit de ténèbres s'aperçoit que les sens et les nuisances de la partie animale sont dans un profond silence et dans un repos universel, il conjecture de là que Dieu se communique intérieurement à l'âme, quoiqu'il ignore de quelle manière il fait ses communications, et il ne doute pas qu'elle ne jouisse de quelque bien signalé. Alors il agite, il inquiète, il trouble la partie inférieure par la douleur, par l'horreur, par la terreur qu'il y excite, afin que cette partie jette le trouble et l'inquiétude dans la partie spirituelle, et qu'elle arrête par cet artifice l'infusion des biens surnaturels que Dieu verse dans l'âme.

Mais lorsque la contemplation infuse illumine purement l'esprit et lui fait sentir toute sa force, de quelque adresse que le démon se serve, il ne saurait l'inquiéter. Au contraire, l'âme reçoit alors un nouvel amour et une paix plus assurée. Car aussitôt qu'elle reconnaît la présence et l'action de cet ennemi, quoiqu'elle ne voie pas bien comment il agit, elle se retire dans le plus secret de son fond intérieur, elle y entre, elle s'y cache, elle s'y tient comme dans un asile où le démon ne la voit point, et où elle goûte une joie et une paix que ce perturbateur ne peut plus ravir, quoiqu'il le désire ardemment. C'est en ce temps-là que toute la crainte dont ce méchant esprit voulait la frapper, s'arrête au dehors et ne fait aucune impression au dedans. C'est là qu'elle expérimente la vérité de cette parole : *Soixante gardes généreux et intrépides sont autour du lit de Salomon, pour le rassurer contre les frayeurs de la nuit* (Cant., III ; 7, 8). L'âme est ainsi forte et tranquille, quoique les douleurs pénètrent le corps jusqu'aux moelles.

Quelquefois, lorsque ces communications divines rejaillissent sur les sens, le démon peut troubler plus facilement l'esprit et le remplir de terreurs, par le moyen de cette partie matérielle. Il cause à l'âme de plus grandes afflictions qu'on ne peut comprendre ni dire. Car, comme cette guerre se fait entre deux esprits, l'horreur que le malin esprit imprime à l'âme, lorsqu'il peut l'inquiéter, est insupportable. L'épouse sacrée explique cette peine en parlant de sa récollection intérieure : *Je suis entrée en mon jardin*, dit-elle, *pour voir les fruits des vallées, et pour remarquer si les vignes étaient en fleur. Mais je n'y ai pu n'en connaître. Car mon âme s'est troublée à la vue des chariots d'Aminadab* (Cant. VI, 10, 11). Ce qui signifie les obstacles que le démon fait à l'âme.

D'autres fois ce mauvais génie l'inquiète, lorsque Dieu lui fait quelques dons insignes par le ministère de son bon ange, la majesté divine permettant que cet adversaire en ait connaissance. Or il obtient cette permission avec quelque apparence de justice, afin qu'il ne puisse pas dire, comme il dit en parlant de Job, que Dieu lui refuse le pouvoir de combattre l'âme comme il combattit ce saint homme, et que ce n'est pas merveille qu'elle serve bien son Créateur, tandis qu'elle ne souffre aucune opposition. C'est pourquoi il est à propos que Dieu ouvre cette carrière à ces deux combattants ; au bon ange et au mauvais ange, afin que la victoire soit plus illustre, et que l'âme qui aura été fidèle et victorieuse de la tentation, mérite une plus grande récompense.

Et c'est la véritable cause pour laquelle Dieu laisse la liberté au démon de tenter violemment l'âme dans le comble de ses faveurs. Ainsi, lorsque le bon ange, pour l'exciter au bien, lui forme des images qu'elle voit par la lumière de l'entendement, le mauvais ange lui présente des figures fausses et trompeuses, pour la séduire et pour l'engager dans le mal. Les magiciens de Pharaon, qui contrefaisaient les véritables prodiges de Moïse, nous en fournissent une preuve évidente (*Exod.*, VII, 11, 12).

Le malin esprit ne fait pas seulement des visions corporelles, il imite encore les communications spirituelles qui se font par le ministère des bons anges, lorsqu'il peut connaître ces grâces. Il ne saurait néanmoins les représenter d'une manière tout à fait spirituelle ; il y mêle toujours quelque espèce et quelque image matérielle. Si bien que quand l'âme reçoit ces saintes visites de Dieu, cet ennemi lui imprime le trouble et la crainte, pour arrêter le cours de ces dons extraordinaires. Mais l'âme, aidée du secours que son bon ange lui donne, peut quelquefois se préserver de cette frayeur, en se recueillant promptement en elle-même.

Quelquefois Dieu permet que ce trouble et cette crainte durent longtemps : ce qui paraît à l'âme une plus grande peine que tous les tourments de cette vie : le seul souvenir même suffit pour l'affliger extrêmement. Toutes ces choses arrivent de telle façon, que l'âme n'y fait rien de sa part, et qu'elle ne peut ni les admettre ni les rejeter ; elle en souffre seulement l'impression. Mais il faut savoir que quand Dieu permet au démon de tourmenter ainsi l'âme, il a dessein de la purifier et de la disposer par ces rudes épreuves à quelque faveur considérable. Car jamais il ne mortifie que pour donner une plus grande vigueur ; jamais il n'abaisse que pour élever davantage. Aussi l'âme se trouve ensuite dans une contemplation si spirituelle et si sublime, qu'il est impossible de l'expliquer.

Ce que nous avons dit jusqu'ici se doit entendre des dons que Dieu fait à l'âme par le ministère du bon ange. De là vient qu'elle n'est alors ni si assurée ni si bien cachée, que son ennemi n'en connaisse quelque chose. Mais quand Dieu la comble immédiatement par lui-même de ses grâces spirituelles, elle se dérobe entièrement à la vue de son adversaire, parce que Dieu, qui est son souverain Seigneur, demeure en elle, et ni les bons ni les mauvais anges ne peuvent y avoir entrée, ni découvrir les communications intimes, et secrètes qui se font entre Dieu et l'âme. Elles sont toutes divines ; elles sont infiniment élevées ; elles sont en quelque sorte les sacrés attouchements des deux extrémités qui se trouvent entre Dieu et l'âme dans leur union. Et c'est là que l'âme reçoit plus de biens spirituels qu'en tous les autres degrés de la contemplation (*Cant.*, I, 1). C'est aussi ce que l'épouse demandait, quand elle priait l'époux divin de lui donner un saint baiser de sa bouche. En effet, comme cette union est la plus étroite qu'on puisse avoir en cette vie avec Dieu, et que l'âme désire d'y parvenir nonobstant les souffrances les plus dures, elle la souhaite plus ardemment et l'estime beaucoup plus que tous ses autres bienfaits. Aussi l'épouse, de quelques grâces que l'époux l'eût favorisée, ne s'en contentait pas ; mais elle aspirait toujours à cette dernière marque de l'amour divin. *Ah ! s'écriait-elle, qui me donnera le moyen, mon frère, de vous rencontrer dehors, et de vous donner un baiser, afin que personne ne me méprise* (*Cant.*, VIII, 1) ; c'est-à-dire de vous baiser de la bouche de mon âme, afin que nulle créature n'ait la présomption de m'attaquer et de me combattre ? Elle déclare par ces paroles qu'elle désire la communication que Dieu fait par lui-même, après avoir exclu de ce commerce toutes les créatures : ce qui s'accomplit lorsque l'âme jouit de ces biens divins avec liberté d'esprit, avec douceur, avec paix, sans souffrir aucun empêchement de la part ni des sens ni du démon. Mais personne ne peut posséder ces biens immenses que par l'intime purgation de l'âme, par un parfait dépouillement, et par une entière séparation d'avec toutes les créatures ; en sorte qu'on soit comme renfermé dans une prison, caché et inconnu à tout le monde. C'est dans cette obscurité que l'âme est établie et confirmée dans son union avec Dieu, comme elle le dit en ce vers :

Étant bien cachée dans l'obscurité.

Que s'il arrive que ces grâces spirituelles soient infuses dans l'âme secrètement, c'est-à-dire dans l'esprit seulement, et non dans les puissances, elle se voit, selon la partie supérieure, si éloignée de la partie inférieure, qu'il lui semble qu'elles n'ont rien de commun et qu'elles sont divisées l'une de l'autre, comme si elles étaient en deux personnes différentes. En effet, cela est en quelque façon véritable ; car l'âme n'a nulle communication avec la partie animale, selon l'opération qu'elle produit alors et qui est spirituelle : tellement qu'elle devient ainsi toute spirituelle, et que, dans cette contemplation unitive, ses passions et ses appétits les plus spirituels sont étouffés dans un degré très-éminent. C'est pourquoi, parlant de sa partie supérieure, elle joint ce dernier vers aux premiers :

CHAPITRE 24

Éclaircissement du dernier vers du second cantique.

Pendant que ma maison était tranquille.

Ce vers signifie que l'âme, ayant pacifié les passions de sa partie inférieure et les puissances de sa partie supérieure, est sortie pour arriver à l'union de l'amour divin avec son Créateur. Car comme elle a soutenu divers combats dans ces deux parties, il faut qu'elle y établisse le calme et la tranquillité, et qu'elle les réforme, qu'elle les conserve dans un continuel repos, en quelque manière comme Adam se comportait dans l'état d'innocence. Néanmoins la partie animale n'est pas tout à fait exempte de tentations. Voilà pourquoi le vers qu'on a expliqué, dans le premier cantique, de la paix de la partie inférieure, on l'entend, dans le second cantique, du calme de la partie supérieure ; et pour cette raison on le répète deux fois.

L'âme acquiert cette tranquillité parfaite et permanente, par ces touches de l'union divine, qu'elle a reçues de la divinité, sans être découverte ni par le démon ni par les sens et les passions, et sans en souffrir aucun obstacle. Et c'est dans cette étroite union et par ses effets qu'elle est devenue pure, tranquille, forte, constante, pour être l'épouse sacrée de Notre-Seigneur. Car dès lors que les sens, les puissances, les passions, demeurent dans un profond silence à l'égard de toutes les choses supérieures et inférieures, la sagesse divine se joint immédiatement à l'âme par le nouvel amour qu'elle allume dans ce cœur. On voit alors l'accomplissement de ce que cette sagesse dit elle-même : *Lorsque toutes les créatures étaient dans un paisible silence, et que la nuit était dans le milieu de sa course, votre parole toute-puissante est descendue du ciel et de son trône royal* (*Sap.*, XVIII, 14, 15 ; *Cant.* III, 4 ; V, 7 –). L'épouse exprime encore ceci dans les Cantiques. Car, après avoir dit qu'elle tomba durant la nuit entre les mains des gardes de la ville, qui la dépouillèrent de ses habits, et qui la couvrirent de plaies, elle ajoute qu'elle trouva enfin son bien-aimé. Pour concevoir sa pensée, il faut se souvenir qu'on ne peut obtenir l'union de Dieu sans avoir une excellente pureté, et on ne peut avoir cette pureté sans un entier dépouillement des créatures, et sans une forte mortification. Ces deux choses sont représentées par le dépouillement des habits de l'épouse, et par les blessures qu'on lui fit dans l'obscurité de la nuit. Elle ne pouvait être ornée de la nouvelle robe que son époux lui donnait, sans quitter auparavant ses vieux habits. C'est pourquoi celui qui ne voudra ni entrer en cette nuit, ni renoncer à sa propre volonté, ni se mortifier sévèrement, mais qui demeurera dans son lit et sera toujours esclave de ses commodités, ne trouvera jamais l'Epoux divin, quoiqu'il semble se mettre en peine de le chercher.

CHAPITRE 25

On expose en peu de mots le sens du troisième cantique.

> **En la noche dichosa,**
> **En secreto que nadie me veia,**
> **Ni yo mirava cosa,**
> **Sin otra luz, y guia,**
> **Sino la que en el coraçon**
>   **ardia.**

Dans cette heureuse nuit, je suis sortie si secrètement que personne ne me voyait, et que je ne voyais rien. Je n'avais point d'autre lumière, ni d'autre guide que la lumière qui luisait en mon cœur.

L'âme, se servant de la comparaison de la nuit naturelle pour déclarer ce qui se passe en la nuit spirituelle, rapporte ses propriétés, et assure que c'est par ce moyen qu'elle a conduit ses desseins à leur fin avec beaucoup de vitesse et de sûreté.

Elle propose en ce cantique trois de ces propriétés. La première est que, dans l'heureuse nuit de cette obscure contemplation, Dieu gouverne l'âme d'une manière si secrète et si dégagée des sens, que rien de sensible, non plus qu'aucune créature, ne saurait ni la toucher ni l'empêcher de s'unir par amour à son Dieu.

La seconde, qui naît des ténèbres de cette nuit d'esprit, est que toutes les puissances de la partie supérieure de l'âme sont entièrement obscurcies et privées de lumière. Pour cette cause, l'âme, ne pouvant rien connaître dans les créatures, ne s'attache qu'à Dieu, et ne veut posséder que lui, parce qu'elle se délivre de tous les empêchements qui s'opposent à son entreprise, et qui sont les images des choses et les opérations des sens extérieurs et intérieurs, afin qu'elle s'unisse à Dieu très-parfaitement.

La troisième est que, quoiqu'elle ne s'appuie sur aucune lumière de l'entendement, ni sur la conduite d'aucun directeur pour en tirer de la consolation, parce que les ténèbres de cette nuit l'ont privée de tous ces appuis, néanmoins la foi et l'amour portent son cœur à Dieu ; ils touchent et conduisent l'âme ; ils lui donnent des ailes pour voler vers Dieu, et ils la mènent par le chemin de la multitude, quoiqu'elle ne sache pas comment elle fait ses démarches.

Copyright © 2023 par Alicia ÉDITIONS
Couverture et Design : Canva.com ; Alicia ÉDITIONS
Tous Droits Réservés

www.ingramcontent.com/pod-product-compliance
Lightning Source LLC
LaVergne TN
LVHW052234110526
838202LV00095B/224